Mergers & Acquisitions für KMUs

Einführung in Übernahmen und Fusionen bei kleinen und mittelständischen Unternehmen

Grundlegende M&A-Prozesse und -Ziele

Valerio Konz

Inhaltsverzeichnis

1. Einleitung

Fast jede Firma kommt einmal an einen Punkt, an dem sie in Schwierigkeiten gerät. Das können Kredite sein, die fällig werden, aber nicht bezahlt werden können, Umsatzrückgang, Kundenschwund oder Forderungen, die nicht beglichen werden können. Manche Probleme kann man kurzfristig beheben, aber immer wieder kommt es vor, dass ein weiterer Kredit einfach nicht hilft. Dann wirst Du vor der Frage stehen, die Firma oder Anteile daran zu verkaufen oder mit einem anderen Unternehmen zu fusionieren.

Auf der anderen Seite haben erfolgreiche Unternehmen eine große Chance, mit einem Aufkauf oder einer Fusion noch weiter zu wachsen. Du kannst Mitbewerber vom Markt nehmen, Dir neue Märkte erschließen, Technologie oder Patente erwerben oder Dein Wachstum beschleunigen.

Da die meisten kleinen und mittleren Unternehmen in der Regel als GmbH oder in ähnlichen Rechtsformen organisieren sind, reichen Übernahmeangebote für Aktien allein nicht aus. Du wirst Dich in manchmal langwierige Verhandlungen begeben müssen, die durchaus auch scheitern können. Mit diesem kleinen Ratgeber sollst Du einen ersten Eindruck bekommen, was auf

Dich zukommt. Wir haben den Schwerpunkt auf den Käufer gelegt, gehen aber auch immer wieder auf die Interessen der Verkäufer ein. Am Ende widmen wir ein ganzes Kapitel den Abwehrmaßnahmen bei drohenden Übernahmen.

2. Definitionen von Übernahmen und Zusammenschlüssen

Es gibt **fünf wesentliche Möglichkeiten**, zwei Firmen zusammenzubringen:

1. Die vertikale Fusion (Vertical merger), bei der ein Unternehmen ein ihm untergeordnetes kauft, meistens einen Zulieferer oder einen seiner eigenen Kunden. Großhändler versuchen zum Beispiel damit ein Standbein im Einzelhandel zu bekommen, ohne selbst dort auftreten zu müssen.

2. Horizontale Fusionen (Horizontal merger): Hier kommen zwei gleichgestellte Unternehmen zusammen, die in der gleichen Branche tätig und meistens Mitbewerber sind. Sie müssen aber nicht gleich groß sein.

3. Konglomerate Fusionen: Hier schließen sich Unternehmen aus verschiedenen Branchen zusammen. Das kann dann sinnvoll sein, wenn man sich diversifizieren und neue Geschäftsfelder auftun will.

4. Joint Venture: Bei einem Joint Venture werden Firmen nicht zusammengelegt oder übernommen. Sie arbeiten lediglich gemeinsam an einem Projekt. Meistens will man damit Kosten, zum Beispiel in der Entwicklung oder der Marktvorbereitung, sparen.

5. Übernahme/Aufkauf: Hier übernimmt eine Firma die andere und löst die gekaufte Firma auf. Es werden selten Mitarbeiter übernommen, meistens will man damit einen Wettbewerber vom Markt nehmen.

2.1 Warum eine Firma übernehmen oder sich zusammenschließen?

Gründe, eine Firma zu kaufen oder sich mit einem Unternehmen zusammenzuschließen, gibt es viele. In den meisten Fällen wird man einen wirtschaftlichen Vorteil darin sehen. Zusammenschlüsse können Kosten sparen, Übernahmen können die Umsätze ankurbeln, weil ein Mitbewerber fehlt. Man kann aber auch gemeinsam stärker auftreten, wenn man zum Beispiel zwei mittelgroße Firmen zusammenschließt.

Das sind die nahe liegenden Überlegungen, gerade für Mittelständler. Es gibt aber auch noch weitere Überlegungen: "Die teuren Finanzierungsstrukturen aus der Vorkrisenzeit sind durch billigere ersetzt, die Sparprogramme gefahren, die Bilanzen strahlen. Nun sind auch die traditionell schüchternen deutschen Aufsichtsräte bereit, sich ernsthaft mit den Kauf-Projekten auseinanderzusetzen, mit denen sie ihr Vorstand bedrängt", beschrieb das Manager-Magazin den Kaufrausch deutscher Firmen im In- und Ausland.[1] Geld ist auch durch die Politik der EZB recht billig, was gerade Übernahmen

[1] Clausen, S. (2016): Fünf Gründe für den Kauf-Rausch deutscher Konzerne. URL: https://www.manager-magazin.de/unternehmen/industrie/m-a-fuenf-gruende-fuer-den-kauf-rausch-deutscher-konzerne-a-1113437.html [Stand: 05-01-2020]

mit geliehenem Geld interessanter macht. Hinzu kommt, dass das Wachstum in Europa verglichen mit den Emerging Markets gering ist.

Schließlich haben auch die konservativsten Aktionäre langsam verstanden, dass Wachstum nicht allein durch mehr Verkäufe von bestehenden Produkten oder Dienstleistungen funktioniert. Vielmehr braucht es Innovation, die man einkaufen muss, aber auch eine gewisse Größe. Diese hilft, vor allem durch immer bedeutender werdende asiatische Großkonzerne, zu bestehen, die in ihren Märkten Oligopole aufbauen. Somit kann das Wachstum in den europäischen Märkten eigentlich nur noch durch strategische Zukäufe und Fusionen funktionieren.

Das organische Wachstum wird immer schwieriger. Wer sich nicht auf einen Preiskampf einlassen will, muss entweder neue Produkte auf den Markt bringen oder aber seine Marktanteile durch Wachstum der Firma selbst erhöhen. Für Mittelständler ist das übrigens auch eine gute Möglichkeit, in bestehende ausländische Märkte einzudringen. In manchen Ländern ist es sogar vorgeschrieben, dass man einen einheimischen Shareholder oder gar Besitzer haben muss. Hier kann man über eine Übernahme oder den Erwerb von Anteilen schnell Fuß fassen und eine Menge Zeit und Kosten sparen.

2.2 Gründe für eine Firma, zu fusionieren oder verkauft zu werden

So, wie es gute Gründe gibt, ein Unternehmen zu kaufen oder sich zusammenzuschließen, kann es für eine Firma auch sinnvoll sein, sich ganz oder teilweise zum Verkauf anzubieten.
In den meisten Fällen braucht man frisches Kapital oder hat mit Wettbewerbsnachteilen zu kämpfen. Bei Fusionen spielen auch immer wieder Strategien eine Rolle, man will zum Beispiel gemeinsam Marktführer werden. Für Familienunternehmen gibt es aber auch noch andere Gründe: **die Nachfolgeregelung**. Denn nicht immer wollen die Kinder das Geschäft der Eltern übernehmen. Als Alternativen bleiben dann nur ein Verkauf, eine Fusion, Manager von außerhalb zu holen oder sich teilweise neue Teilhaber zu suchen. Die Bekleidungsfirma C&A ist so ein Beispiel:

> "Als Mitte Januar 2018 bekannt wurde, dass die deutsche Textilkette C&A sich erstmals fremden Investoren, dazu noch womöglich aus China, zu öffnen plane, war die Überraschung groß. Denn ihre Eigentümer, die milliardenschwere Familie Brenninkmeijer, galten bis dato immer als besonders öffentlichkeitsscheu und traditionsverliebt. Über

sechs Generationen war das 1841 gegründete Unternehmen ausschließlich im Besitz der Nachkommen der Gebrüder Clemens und August Brenninkmeijer. Zudem musste man katholisch sowie Staatsbürger der Niederlande sein, den Nachnamen mit „ij“ schreiben und bis vor Kurzem auch noch männlich sein, um in den 68-köpfigen Gesellschafterausschuss „Sneeker Kring“ kommen zu können. Frauen dürfen erst seit den späten Neunzigerjahren in die erlauchte Runde. Dann kam die Krise, weil Konkurrenten wie H&M, Zara oder Primark sowie das Internet dem angestammten Platzhirsch im Billig-Segment das Terrain streitig machten. Im Sommer vergangenen Jahres geschah bereits eine kleine Revolution, weil man sich den ehemaligen Rewe-Vorstandsvorsitzenden Alain Caparros als Europa-Chef ins Haus holte – ein ungewöhnlicher Schritt für ein Unternehmen, das nur im absoluten Ausnahmefall externe Führungskräfte mitbestimmen ließ. Vor diesem Hintergrund kommt die Bereitschaft, chinesische Investoren an Bord zu lassen, einem Paukenschlag gleich.“[2]

Auch bei Dr. Oetker und bei Faber-Castell gab es ähnliche Schritte. Mittlerweile können sich laut einer aktuel-

[2] Das Mittelstandsmagazin der Nord/LB (2018): Übernahmen & Fusionen - Investitionsziel deutscher Mittelstand, 1/2018, S. 7

len Umfrage der Unternehmensberatung PricewaterhouseCoopers (PwC) unter mehr als 300 deutschen Familienunternehmen 83 Prozent vorstellen, externe Investoren zuzulassen.[3]

[3] Das Mittelstandsmagazin der Nord/LB (20018): Übernahmen & Fusionen - Investitionsziel deutscher Mittelstand, 1/2018, S. 9

3. Vor- und Nachteile von Übernahmen und Zusammenschlüssen

Zunächst einmal solltest Du die allgemeinen Vor- und Nachteile einer Fusion oder Übernahme kennen.

3.1 Die Vorteile

1. Du kannst Marktanteile und Produktlinien erhöhen und die Bedeutung und Position des Unternehmens im Markt verbessern.

2. Eine Fusion kann bei der Diversifizierung helfen. Dadurch kannst Du Schwankungen im Markt und in der Konjunktur besser abfangen, vor allem wenn Du neue Branchen erschlossen hast.

3. Eine Fusion kann auch dabei helfen, neue Finanzmittel zu bekommen, weil dadurch der Wert Deines Unternehmens und seine Zukunftsaussichten gewachsen sind.

4. Deine Aktionäre können sich freuen, vor allem wenn Du Dir ein Unternehmen zu einem günstigen

Preis einverleiben konntest. Die Shareholder des gekauften Unternehmens haben dadurch oft große Vorteile.

5. Bei börsennotierten Unternehmen stärkt eine Übernahme, wenn sie solide finanziert und strategisch klar dargelegt wurde, das Vertrauen in die Aktie – und damit auch deren Wert.

6. Du bekommst etwas, was Du nicht hast. Das kann ein Standbein in einem neuen Markt oder Land sein, ein neues Produkt, was Du nicht selbst entwickeln konntest, aber auch eine neue Zielgruppe, die Deine Marke nicht erreichen kann.

7. Eine Fusion kann Dir die notwendigen Mittel bringen, weitere Akquisitionen durchzuführen. Oftmals reichen die eigenen Mittel dafür nicht aus, und Banken sind zurückhaltend, was eine Finanzierung angeht. Nach einer Fusion stehst Du aber besser dar, vor allem wenn das gekaufte Unternehmen ebenfalls solide ist.

8. Synergien sind der wohl am meisten genannte Grund, Unternehmen zu fusionieren. Sie können Kosten sparen, weil man Teile zusammenlegen kann und günstiger einkaufen kann, aber auch bei der Skalierung helfen, weil man automatisch neue

Marktanteile und Märkte dazugewonnen hat. Gerade horizontale Zusammenschlüsse bringen solche Synergieeffekte, weil ähnliche Bereiche zusammengelegt werden, man aber auch in gleichen Märkten unterwegs ist. Schließlich sind aber auch die Kapitalkosten als Synergieeffekt zu nennen.

Die Kapitalkosten für beide Unternehmen können gesenkt werden, da die Kosten für die Emission von Schuldtiteln und Aktien für größere Unternehmen niedriger sind. Darüber hinaus sorgen unkorrelierte Zahlungsströme für eine höhere Liquidität und eine geringere Insolvenzwahrscheinlichkeit. Ein weiterer Vorteil ist die Verfügbarkeit von zusätzlichem internen Kapital. Das akquirierte Unternehmen ist häufig in der Lage, neue Investitionsmöglichkeiten zu nutzen, da das akquirierende Unternehmen über einen entsprechenden Cashflow oder andere Mittel verfügt.

9. Auch der steuerliche Verlustvortrag kann von Vorteil sein, wenn das erworbene Unternehmen bislang Geld verloren hat. Der Erwerber kann den steuerlichen Verlustvortrag nutzen, um seine eigene Rentabilität auszugleichen und damit seine Steuern zu senken. Allerdings gibt es hierbei bestimmte Grenzen zu beachten, die je nach Land, in dem die Fusion stattgefunden hat, unterschiedlich

sind. In Deutschland ist das durch das Umsatzsteuerrecht geregelt, vor allem § 12 Abs. 3 UmwStG 1995,[4] in dem es um die Übertragung von Verlusten geht.

3.2 Die Nachteile

1. Synergien finden nicht immer so statt, wie man es sich erhofft hat. Es kann zum Beispiel sein, dass Mitarbeiter abwandern. Das ist in Asien passiert, als sich Uber aus einigen Märkten zurückzog und stattdessen Anteile am wichtigsten Wettbewerber Grab kaufte. Da Uber aber jahrelang Stimmung gegen Grab gemacht und die Mitarbeiter entsprechend aufgewiegelt hatte, wollten viele aus dem Management nicht übernommen werden. Sie wechselten stattdessen zum neuen Player auf dem Markt, Go-Jek.

2. Unerwünschte finanzielle Auswirkungen, da der erhoffte Nutzen nicht eingetreten ist. Beispielsweise treten die erwarteten Kostensenkungen

[4] Haufe: Umwandlungssteuergesetz / § 12 Auswirkungen auf den Gewinn der übernehmenden Körperschaft. URL: https://www.haufe.de/personal/haufe-personal-office-platin/umwandlungssteuergesetz-12-auswirkungen-auf-den-gewinn-der-uebernehmenden-koerperschaft_idesk_PI42323_HI1642932.html [Stand: 08-01-2020]

nicht ein. Das ist, vor allem was kurzfristige Effekte angeht, sehr häufig vorzufinden.

3. Kartellrechtliche Entscheidungen, die den geplanten Zusammenschluss verzögern oder verhindern.

4. Die Kulturen passen nicht zusammen. Dieser Bereich wird am meisten unterschätzt. Die besten Zahlen helfen nichts, wenn die Menschen nicht zusammenarbeiten können. Oftmals fühlen sich die Mitarbeiter eines Unternehmens als Gewinner, die anderen als Verlierer. Es kann auch schlicht andere Arbeitsweisen geben. Und auch die Kommunikation gerade im internationalen Bereich ist unterschiedlich gestaltet.[5]

[5] Delta Publishing Company (2009): A Practical Guide to Mergers, Acquisitions and Divestitures, S. 14

4. Grundüberlegungen

Du solltest zunächst einmal die Gründe für eine mögliche Übernahme oder eine Fusion darlegen. Dazu gehört eine realistische Analyse der Ist-Situation, und zwar sowohl finanziell als auch was die Marktanteile, Zukunftsaussichten und ähnliche Faktoren angeht. Finde vor allem heraus, welche Probleme es gibt, gerade was das Wachstum oder den Fortbestand angeht. Am Ende steht dann die Frage, ob eine Fusion, ein Teilkauf oder ein Aufkauf diese Probleme lösen kann. Es gibt fünf Schritte, in denen eine Übernahme oder Fusion durchgeführt wird, und erst wenn auch der letzte Schritt, die Integration vollendet wurde, kann man von einer gelungenen Integration sprechen.

4.1 Schritt 1 – Bedingungen festlegen

Du wirst Dich recht schnell auf die Suche nach geeigneten Kandidaten machen wollen. Als Experte kennst Du die meisten Unternehmen in Deiner Branche. Allerdings wirst Du etwas tiefer in die Analyse einsteigen müssen, und zwar, bevor es überhaupt Gespräche gibt. Versuche zunächst ein Bild eines idealen Übernahmekandidaten zu zeichnen.

Dabei können Dir folgende Fragen helfen:

- Welche Kostenstruktur soll das Unternehmen haben und wie unterscheidet sich diese von Deiner?
- Welche Märkte erschließt das Unternehmen und über welche Kanäle erreicht es das?
- Worin liegen die Kompetenzen, was die Organisation angeht, damit möglichst hohe Synergien erreicht werden?
- Aus welchen Regionen und Ländern wird das andere Unternehmen Kapazitäten mit einbringen können?
- Gibt es bestimmte Großkunden, die über die Fusion gewonnen werden können?
- Wie sieht die wünschenswerte Kapitalstruktur aus?
- Soll das anvisierte Unternehmen verschmolzen werden oder als eigenständige Einheit weitergeführt werden?
- Wie weit soll sich Deine Firma in die Tätigkeiten des anderen Unternehmens einbringen, vor allem wenn es sich um ein Joint Venture handelt?

Es gibt immer wieder Beispiele von Fusionen und Übernahmen, die gelungen sind und beiden Beteiligten Vorteile gebracht haben. "Der Haushaltsreinigerkonzern Reckitt Benckiser weitet sein Portfolio immer mehr aus und kaufte 2006 Boots Healthcare. Er übertrug sein Know-how für Entwicklung und Vertrieb globaler Haushaltsmarken auf rezeptfreie Medikamente wie Nurofen und die Pickelcreme Clearasil. Mit Erfolg: Laut Booz lag die Rendite ein Fünftel über dem Marktindex. Als besonders cleverer Firmenjäger gilt Bernard Arnault. Der Chef des Weltmarktführers für Luxusprodukte LVMH hat über 60 Marken zusammen gekauft. Auf den ersten Blick erfordern Champagner, Taschen, Parfum oder Mode gänzlich andere Kompetenzen. Dafür aber versteht LVMH sehr viel vom globalen Management von Luxusmarken. Im Juni 2011 übernahm der französische Luxusgüterriese den italienischen Schmuck- und Uhrenhersteller Bulgari. Der Zusammenschluss ist die perfekte Kombination, schwärmte Arnault. Der Erfolg scheint ihm recht zu geben. LVMH meldete für 2011 den Rekordgewinn von über drei Milliarden Euro", berichtete das Handelsblatt.[6] In beiden Fällen hatte man sich die richtige Strategie und die passenden Kandidaten zurechtgelegt.

[6] Terpitz, K. (2012): Edel-Tasche küsst Armbanduhr. URL: https://www.handelsblatt.com/unternehmen/management/erfolgreiche-fusionen-die-fusion-vernichtete-mehr-als-300-milliarden-dollar/6238516-2.html [Stand: 08-01-2020]

4.2 Schritt 2 – Auswählen

Jetzt geht es darum, eine passende Firma auszusuchen. Sie muss den oben genannten Kriterien entsprechen, aber natürlich auch für eine Fusion oder Übernahme bereit sein. In den meisten Fällen sind das schwächere Unternehmen, es kann gerade bei Fusionen auch gleichstarke Partner geben, was die Verhandlungen schwierig machen wird. Bei der Suche nach passenden Kandidaten solltest Du neben den Kriterien auch ein wenig auf Deinen Bauch hören. Wenn Du bei einer Firma ein schlechtes Gefühl hast, schiebe sie zumindest auf der Prioritätenliste ein wenig nach unten. Du wirst zunächst einige Kandidaten haben und dann die Liste immer wieder verkürzen.

4.3 Schritt 3 – Recherche

Wenn Du einige Kandidaten ausgewählt hast, wirst Du erst einmal nachforschen müssen. Du willst so viele Informationen wie möglich haben, ohne aber die Firma direkt zu fragen. Versuche auch soweit wie möglich Deine Bemühungen geheim zu halten. Werden Deine Absichten bekannt, kann das den Preis einer Firma schnell in die Höhe treiben.

Marktforschung

- Wie groß ist der Markt, in dem sich das anvisierte Unternehmen befindet und wie hoch sind seine Marktanteile?
- Ist es ein Nischenmarkt?
- Wie schnell wachsen im Markt die einzelnen Segmente?
- Wie hat sich der Markt entwickelt und welche Aussichten gibt es, dass es Veränderungen zum Beispiel durch neue Produkte und Innovationen gibt?
- Wie frei kann sich ein Unternehmen bewegen, oder gibt es zum Beispiel gesetzliche Vorgaben, die eine Erweiterung schwer machen?

Kunden und Wettbewerber

Bei einer Firmenübernahme will man nicht nur Strukturen und Marktanteile übernehmen, sondern natürlich auch den Kundenstamm. Deshalb solltest Du Dir vorher genau anschauen, wer diese Kunden sind. Auch hier gibt es einige Fragen, die Du als Checkliste verwenden kannst:

- Welche Kunden versucht das Unternehmen zu erreichen und welche erreicht es?
- Was ist für die Kunden der Grund, mit dem Unternehmen zu arbeiten? Ist es der Preis? Die Qualität? Die Marke?
- Gibt es Marktforschungen darüber, wie treu die Kunden der Marke oder dem Produkt gegenüber sind und welche ähnliche Produkte oder Dienstleistungen sie von selbiger kaufen?
- Wie haben die Kunden ihre Unzufriedenheit ausgedrückt? Direkt, oder indem die Absätze zurückgegangen sind?
- Ist zu befürchten, dass sich das Kundenverhalten verändern wird?

Diese Fragen sind wichtig, weil Deine Sicht einer Übernahme nicht unbedingt mit der Meinung der Kunden übereinstimmt. Gerade wenn Du ein kleines Unternehmen mit einer loyalen Gefolgschaft übernehmen willst, kann das zu Problemen führen. Das ist zum Beispiel der Marke Body Shop passiert: Diese war eine der wenigen weltweit bekannten Kosmetikmarken, die auf Tests an Tieren verzichteten. Die Firmengründerin Anita Roddick verkaufte das Unternehmen im Jahr 2006 an L'Oreal, was viele Kunden als Verrat an der Sache sahen. Denn der Kosmetikriese ist wegen seiner Tests an Tieren besonders in die Kritik gekommen. Man konnte einem langfristigen Schaden nur dadurch entgehen, dass man die Body-Shop-Marke weiterhin unabhängig operieren ließ.

Du solltest natürlich auch wissen, wer die größten Wettbewerber sind. Bei einer horizontalen Übernahme bist Du natürlich einer davon, bei vertikalen Übernahmen und Fusionen ist das aber nicht so. Übernimmst Du einen Zulieferer oder gar ein Unternehmen aus einer neuen Branche, dann solltest Du auch wissen, wie es im Wettbewerb dasteht. Wichtige Fragen sind:

- Wie stark ist es gegenüber der Konkurrenz?
- Was sind die Stärken und Schwächen der Mitbewerber?
- Welche Barrieren gibt es für neue Marktteilnehmer?

- Welche Konsequenzen wird eine Übernahme für die Konkurrenz haben und welche Reaktionen kann das hervorrufen?

Mitarbeiter

Schließlich spielen natürlich auch die Menschen und die Unternehmenskultur eine große Rolle. Hier kann nur zusammenwachsen, was auch zusammenwachsen will. Du wirst zunächst die Mitarbeiter identifizieren müssen, die Du auf jeden Fall behalten willst – oder auch musst. Hierbei geht es weniger darum, ob sie nett sind, sondern welche Kompetenzen sie haben und ob sie diese auch ins neue Unternehmen übertragen können. Du willst zum einen diese Kompetenzen einkaufen, aber auch Mitarbeiter, die andere motivieren und antreiben können. Ein von allen gehasster Buchhalter wird Dir nicht viel bringen, aber auch nicht der beliebteste Mitarbeiter aus dem Marketing, der bislang noch keine Kampagne wirklich zu Ende gebracht hat.

In Firmen mit einer sehr starken Kultur kann eine Übernahme oder Fusion auch zu großen Widerständen führen, weil man seine eigenen Werte bedroht fühlt. Kulturelle Unterschiede in den Werten und der Art und Weise, wie man arbeitet, sind eine größere Hürde für Fusionen als die Zahlen. Wenn Du das nicht rechtzeitig erkennst, kann das langfristig große Probleme mit sich bringen. Oftmals wirst Du Dich auch auf Dein Bauchgefühl verlassen müssen. Spreche mit möglichst vielen Mitarbeitern aus allen Hierarchiestufen, und lass auch Deine eigenen Mitarbeiter mit diesen reden. Versuche herauszufinden, wie sie einer Fusion oder Übernahme gegenüberstehen.

Sollte Deine Firma verkauft werden, wirst Du ebenfalls mit Deinen Mitarbeitern sprechen müssen, was sie davon halten. Solange Du nicht börsennotiert bist, solltest Du diese Gespräche recht früh führen. Es ist ein Irrglaube, dass Du Fusionsgespräche lange geheim halten kannst. Offenheit und Transparenz ist besser, als wenn Gerüchte anfangen herumzuschwirren und sich vielleicht die ersten Fachkräfte nach neuen Stellen umsehen. Professor Dr. Dirk Lippold, Autor von Unternehmensberatungsbüchern und Gastprofessor an der Berliner Humboldt-Universität, sieht vor allem zwei Gefahren:

> "Da die Produktbindung und -identifikation in aller Regel größer ist als die Unternehmensbindung und -identifikation, gestalten sich Merger im Dienstleistungsbereich deutlich schwerer als bei Unternehmen, die Produkte herstellen und anbieten. So ist es auch kein Wunder, dass nach einem Dienstleistungsmerger ganze Mannschaften wegbrechen bzw. die neue Firma nach einer kurzen Beobach-

tungszeit verlassen. Somit kommen die gewünschten Synergieeffekte nicht zustande und der Shareholder Value verringert sich deutlich.

Bei Unternehmenszusammenschlüssen, die zunächst als „Merger-unter-Gleichen" angekündigt werden, setzt sich – unabhängig von der jeweiligen Unternehmensgröße – letztendlich das Unternehmen mit der stärkeren Unternehmenskultur durch. Das bedeutet, dass sich jedes Unternehmen, das organisch gewachsen ist, solchen Organisationen deutlich überlegen zeigt, die durch Zukäufe oder andere Merger groß geworden sind. Dieses Phänomen liegt wohl darin begründet, dass sich bei gewachsenen Strukturen deutlich besser Netzwerke und dergleichen aufbauen und leben lassen. Dabei muss eine derartig starke Kultur keinesfalls als harmonisch gelten. Es kann sich sogar um eine „Streitkultur" handeln. Wichtig ist vielmehr, dass eine organisch gewachsene Kultur wie ein homogener, monolithischer Block agiert, der in einem widrigen Umfeld immer besser aufgestellt ist als die heterogenen Kulturen zusammengekaufter Unternehmenseinheiten. Und das ist selbst dann der Fall, wenn das fusionierende Unternehmen mit der gewachsenen Kultur deutlich kleiner ist."[7]

4.4 Schritt 4 – Verhandlungen

Wenn Du den richtigen Kandidaten gefunden hast, kannst Du Verhandlungen beginnen. Damit Du erfolgreich dabei bist, lege zunächst Deinen Verhandlungsspielraum fest. Du solltest genau wissen, was Du bereit bist zu bezahlen. Du solltest aber auch wissen, welche anderen Bedingungen wichtig sind. Richte Dich auch darauf ein, dass der Betriebsrat versuchen wird, das Beste für die Mitarbeiter herauszuholen. Wenn Du selbst der Kandidat bist, dann schaue genau, ob eine Fusion oder Übernahme in Deine Strategie passt. Du willst ja in der Regel eine Verbesserung für Deine Firma und die Mitarbeiter erreichen, wenn Du nicht gerade gezwungen bist, um jeden Preis zu verkaufen. Wir gehen in einem eigenen Kapitel noch näher auf die Verhandlungen ein.

[7] Lippold, D. (2016): Die unterschätzte Rolle der Unternehmenskultur bei Unternehmenszusammenschlüssen. URL: https://lippold.bab-consulting.de/die-unterschaetzte-rolle-der-unternehmenskultur-bei-unternehmenszusammenschluessen [Stand: 15-01-2020]

4.5 Schritt 5 – Integration

Schon in der Verhandlungsphase solltest Du überlegen, wie beide Firmen zusammenkommen können. Selbst wenn die übernommene Firma aufgegeben wird, gibt es eine Zeit lang eine Phase, in der beide Unternehmen miteinander arbeiten müssen. Hier steckt der Teufel im Detail. Deswegen solltest Du genau planen, welche Schritte für eine Integration gemacht werden müssen. Dazu gehören juristische Schritte, wie Änderungen im Handelsregister, technische Schritte, wie eine Anpassung der IT-Systeme, und operative Schritte, zum Beispiel wie mit Kunden kommuniziert wird. Je besser diese Integration geplant ist, umso weniger kommt es zu Unterbrechungen im Geschäftsbetrieb.

Diese Planung ist nicht nur Aufgabe des Fusion-Teams. Es ist wichtig, Mitarbeiter aus allen Ebenen der beiden Firmen daran teilhaben zu lassen. Diese wissen besser, wie die Tagesarbeit aussieht und wie Prozesse gestaltet sind. Harmonisierung von Prozessen ist die wichtigste Aufgabe in der Integration, und in vielen Fällen geht das schief.

5. Genaue Analyse des Zielunternehmens

Sowohl eine Fusion als auch eine Übernahme haben zunächst einmal strategische Gründe. Du willst einen Wettbewerber aufkaufen, Du brauchst bestimmte Vertriebskanäle, Du willst Forschungs- und Entwicklungskapazitäten einkaufen. Wenn Du die richtigen Firmen gefunden hast, beginnt die etwas ernüchternde Arbeit. Jetzt geht es darum, die Zahlen anzuschauen. Das geschieht in der Regel in einem etwas weiter fortgeschrittenen Stadium, in dem beide Parteien bereits den Willen zur Fusion oder Übernahme erklärt haben, allerdings unter dem Vorbehalt der finanziellen Situation.

5.1 Finanzen

Als Erstes wirst Du Dir natürlich die Bücher anschauen müssen. Du wirst Dir die Zahlen des vergangenen Steuerjahres vornehmen, darüber hinaus aber auch die aktuellen Daten und eine Zusammenfassung der finanziellen Entwicklung der letzten zehn Jahre. Hier interessieren Dich vor allem die Gewinne und Verluste. Wenn es Prüfungsberichte gibt, solltest Du Dir diese ebenfalls vornehmen.

Damit bekommst Du einen ersten Überblick, was die Finanzen der Vergangenheit betrifft. Als Nächstes geht es an das Vorausschauen. Welche Planungen gibt es bislang, wie schätzt die Buchhaltung die finanzielle Situation ein, wie sieht man die Gesamtentwicklung im laufenden und kommenden Geschäftsjahr? Hier ist besondere Vorsicht geboten: Firmen, die gekauft werden wollen, neigen dazu, die Planungen zu beschönigen. Bei feindlichen Übernahmeversuchen wird man ein negatives Bild zeichnen, und bei Fusionen kann es ebenfalls zu positiven Darstellungen kommen.

Neben dem Tagesgeschäft wirst Du Dir auch die Assets anschauen müssen. Welche Wertanlagen hat das Unternehmen, welche **Geräte, Patente, Gebrauchsmuster**? Dem gegenüber stehen **Schulden** bei Banken, andere Verbindlichkeiten und vor allem Außenstände. Schau Dir auf jeden Fall alle Bankkonten genau an.

Im nächsten Schritt geht es um die Steuern. Du solltest verhindern, dass es große **Steuernachzahlungen** gibt, aber auch Rückzahlungen können ein Problem werden, wenn sie als Einnahmen in die Hauptfirma gehen.

Bei einer Fusion ist es wichtig, zu verstehen, wie im anderen Unternehmen die Buchhaltung arbeitet. Du wirst bald eine Entscheidung treffen müssen, welcher der beiden Wege gegangen wird. Das betrifft auch die Finanzstrategie an sich: Welche **Schuldenpolitik** hat das Unternehmen, wie bewertet es selbst sein Inventar, wie realistisch ist es, dass Außenstände auch wirklich gezahlt werden?

Nachdem Du einen ersten groben Überblick bekommen hast, geht es an die weiteren Details. Als Erstes schaust Du Dir die **Löhne und Gehälter** an. Du willst wissen, ob man marktgerecht bezahlt, ob zu viele Mitarbeiter eingestellt wurden und wie effizient sie sind. Schaue Dir bei einer Fusion auch die Gehälter des Managements an – dieses wird seine Forderungen kaum herunterschrauben. Oft vergessen werden **Betriebsrenten**, die auch nach einer Übernahme noch bestehen müssen. Sollte es zu einer erheblichen Verbesserung der Profite kommen, können nämlich nach einer Fusion die Rentner eine Anpassung verlangen.[8] Deshalb ist es wichtig zu wissen, wie viele Rentner das Unternehmen hat.

Als Nächstes geht es um das **Inventar.** Das betrifft sowohl die Maschinen als auch Rohstoffe und Produkte, die weiterverarbeitet werden. Bei Softwarefirmen können das die vorhandenen Rechner und die darauf installierte Software sein. Von Interesse ist, ob zum Beispiel die Warenlager überfüllt sind, ob man zu viele Rohstoffe eingekauft hat, ob Maschinen oder Software noch dem Stand der Technik entsprechen. Gerade IT Kosten können eine unangenehme Überraschung sein, wenn Du plötzlich feststellst, dass die andere Firma noch mit einem Windows 2000 Server-System arbeitet. Zum Inventar kannst Du auch **Patente** zählen sowie Einkommen aus **Lizenzen**. Hier ist es wichtig zu wissen,

[8] Felser, M. W. (2007): Anpassung der Betriebsrente nach einer Fusion. URL: http://www.felser.de/betriebsrente/anpassung-der-betriebsrente-nach-einer-fusion/ [Stand: 07-01-2020]

wann Patente ablaufen und wie lange die Lizenzverträge noch Gültigkeit haben.
Versuche, eine Liste aller Assets zusammenstellen zu lassen, soweit das im Rahmen der ersten Verhandlungen möglich ist. Du willst schließlich nicht die Katze im Sack kaufen. Es empfiehlt sich auch, die Berechnungen für den Break-even genauer anzuschauen, denn hier kann gerne die Bilanz schöngerechnet werden.

5.2 Einkauf

Manche Firmen machen den Fehler, ihren Einkauf nicht zu optimieren und dadurch zu hohe Kosten zu verursachen, ohne dass man sich dessen bewusst ist. Ein Unternehmen, das zu teuer einkauft, kann keine wettbewerbsfähigen Preise anbieten. Ein Blick in die Lagerbestände, die letzte Inventur und Gespräche mit den zuständigen Mitarbeitern können hier Aufschluss über die aktuelle Situation geben. Du solltest Dir auch die Einkaufsprozesse geben lassen, um zu verstehen, welche Vorgaben den Einkäufern gemacht werden. Interessant sind auch Grafiken, die die Preisentwicklung in den vergangenen Jahren zeigen.

- Welche Rolle spielt der Preis?
- Welcher Aufwand wird betrieben, um günstig einzukaufen?

- Welche versteckten Kosten gibt es (zum Beispiel Transportkosten, Zölle)?
- Wie oft werden die Einkaufspreise evaluiert?
- Welche Rolle spielt der Einkaufspreis am Verkaufspreis?
- Welche Marktpreise gibt es für die benötigten Produkte?
- Wie hoch ist der Personalaufwand im Einkauf?
- Wieweit sind die Einkaufsprozesse automatisiert?

Ein zu teurer Einkauf muss nicht unbedingt ein Nachteil sein, wenn die Firma an sich gesund ist, das Produkt nachgefragt und ansonsten profitabel ist. Wenn Deine Firma zum Beispiel dabei helfen kann, Synergien im Einkauf zu schaffen, weil ihr die gleichen Rohstoffe verwendet, dann ist eine Übernahme oder Fusion durchaus sinnvoll.

5.3 Tagesgeschäft

Die finanzielle Lage einer Firma kann noch gut sein, obwohl sich am Horizont bereits ein negativer Trend ankündigt, weil man im Tagesgeschäft Probleme hat. Wenn Du eine Firma übernehmen willst, die aber zumindest teilweise weiterarbeiten wird, solltest Du die operativen Tätigkeiten und auch Kosten analysieren.

Am interessantesten sind hier zunächst einmal die **Verkaufspreise** und wie sie entstehen. Wichtig ist zudem, ob die Preise auch wirklich vom Markt angenommen werden und Profit bringen. Es kann immer wieder vorkommen, dass ein Unternehmen die Preise weniger an den Kosten und einem Profit bestimmt, als daran, den Marktpreis unterbieten zu wollen. Das kann zwar für höhere Absätze sorgen, ist aber nicht profitabel. Hier solltest Du vergleichen, welche und wie viele Produkte tatsächlich Geld verdienen und welche Preise strategische Preise sind.

Im nächsten Schritt geht es um die **Menschen**. Bei einer Firma, die Güter produziert lohnt sich ein genauer Blick in die Produktionsanlagen und Gespräche mit den Mitarbeitern vor Ort. Nimm Dir die Zeit für ausführliche Gespräche. Bei einer Firma, die im Dienstleistungsbereich tätig ist, solltest Du mit dem Personal sprechen, das direkt mit dem Kunden zusammenarbeitet. Das gilt auch für den Bereich Hotels und Tourismus. Bei Software- und IT-Firmen ist es wichtig, zu verstehen, wie gut die

Teams zusammenarbeiten, welche Methoden und Prozesse verwendet werden und wie skalierbar das Personal und die Arbeit sind.
Es ist gleich, ob eine Firma ein produzierendes Traditionsunternehmen mit Wettbewerbsproblemen ist oder ein junges Start-up, das Kapital braucht: Die Zukunftsfähigkeit zeigt sich oftmals in der Einstellung des Managements und der Mitarbeiter. Die Unternehmenskultur spielt eine Rolle, aber auch wie Visionen und Leitsätze in der Praxis angewendet und umgesetzt werden. Die Modernisierung eines Unternehmens fängt immer in den Köpfen an. Ein Beispiel ist das Homeoffice-Angebot. Wer es ernst meint mit Work-Life-Balance und Familienfreundlichkeit, der wird auch entsprechende Angebote machen müssen. Die meisten Firmen bestehen immer noch aus Bedenkenträgern, wie Studien zeigen: "Hierzulande ist Heimarbeit einer Studie der Bitkom zufolge erst in 30 Prozent aller Unternehmen Teil des Organisationsmodells. Verantwortlich dafür sind zum größten Teil gesetzliche Vorgaben und konservative Führungskräfte, die dem Konzept Homeoffice skeptisch gegenüberstehen. Denn oftmals wird befürchtet, dass Mitarbeiter zu Hause und ohne direkten Austausch mit dem Team nicht so produktiv arbeiten wie im Büro. Auch, dass Mitarbeiter im Homeoffice nicht jederzeit und sofort ansprechbar seien, ist für die befragten Führungskräfte der Studie ein Negativaspekt der Heimarbeit. 63 Prozent sagen außerdem, Homeoffice sei nicht für alle Mitarbeiter umsetzbar und würde daher nicht

ermöglicht, um eine ungleiche Behandlung zu vermeiden. 39 Prozent wiederum glauben, gesetzliche Regelungen verhinderten die Ermöglichung von Homeoffice. Jedes fünfte Unternehmen sorgt sich zusätzlich um die Auswirkungen von Heimarbeit auf die Identifikation der Mitarbeiter mit ihrem Arbeitgeber und jedes sechste ist besorgt um die Datensicherheit. Diese Aussagen erklären auch die Ergebnisse der International Data Corporation-Studie (IDC-Studie) ‚Future People', laut der nur 70 Prozent der deutschen Manager Remote Working gezielt fördern."[9]

Zwar ist das Homeoffice kein Allheilmittel, aber es ist ein guter Indikator dafür, wie innovativ und zukunftsorientiert ein Unternehmen ist. Gerade Firmen, die zwar übernommen, aber dann weiterbestehen sollen, werden daran gemessen, wie sie ihre Mitarbeiter auch über Gehälter hinaus motivieren und im Unternehmen halten.

Oft kennen die Mitarbeiter an den Maschinen ihre Firma besser als die Buchhalter und Top-Manager. Sie wissen, ob die Maschinen zu alt sind oder noch zehn Jahre laufen können, unabhängig davon, wann sie abgeschrieben sind. Neben den Maschinen sind auch die **Gebäude** und ihr Zustand wichtig. Hier solltest Du auch daran denken, dass es immer wieder neue Vorschriften

---

[9] Das Mittelstandsmagazin der Nord/LB (20018): Übernahmen & Fusionen - Investitionsziel deutscher Mittelstand, 1/2018, S. 29

gibt, die umgesetzt werden müssen. Versuche Dir vorzustellen, ob flexible Lösungen in einer Fabrikhalle möglich sind oder ob diese für einen ganz bestimmten Zweck oder Prozess gebaut wurde. Es lohnt sich auch, nachzufragen, welche Instandsetzungsarbeiten geplant sind und welche in der Vergangenheit durchgeführt wurden. Wann immer Gebäude ins Spiel kommen, helfen Dir die reinen Zahlen wenig. Du wirst die Räumlichkeiten selbst inspizieren müssen oder Mitarbeiter losschicken, die einem Protokoll entsprechend eine Inspektion durchführen.

Es hilft, sich ein **Organigramm** geben zu lassen, in dem die Mitarbeiterstruktur genau aufgezeichnet ist. Weiterhin sind Prozess- und Arbeitsplatzbeschreibungen hilfreich, und Du solltest Dir auch anschauen, wie das Berichtswesen gestaltet ist.

Ziel der Inspektionen ist, die **Lebenskraft der Firma** bewerten zu können. Nur wenn Du vorhast, die Firma nicht weiterzuführen und Dir lediglich die Assets einzuverleiben, kannst Du das operative Geschäft weitgehend ignorieren. In allen anderen Fällen wirst Du diese Analyse vornehmen müssen, weil hier einige Überraschungen auf Dich warten können. Diese können negativ sein, wenn es zum Beispiel zu viel Personal gibt, es zu teuer ist oder aber die Lagerhallen voll mit nicht verkauften Produkten sind. Es kann aber auch gute Nachrichten geben, wenn Du siehst, dass die neue Firma sehr leistungsstark ist und zum Beispiel nur deshalb übernommen werden will, weil es an Kapital für eine Expansion fehlt.

Transparenz gegenüber Käufern

Wenn es Deine Firma ist, die auf dem Prüfstand steht, weil Du sie verkaufen willst, dann versuche, die potenziellen Käufer so weit wie möglich zu informieren. Es zahlt sich nicht aus, die Fabrikhallen vor der Inspektion noch einmal zu reinigen, wenn die Mitarbeiter das dann den Interessenten erzählen – mit dem Hinweis, dass man sie das letzte Mal vor einem Jahr geputzt hat. Transparenz ist wichtig für einen erfolgreichen Verkauf, versuche aber darauf zu achten, dass die Käufer auch verstehen, was sie sehen. Ein volles Lager kann zum Beispiel auch beabsichtigt sein, weil man für das Weihnachtsgeschäft vorproduziert hat und in kurzer Zeit viele Produkte ausliefern muss. Ein kleines Software-Team kann durchaus größere Projekte bewerkstelligen, wenn man weiß, dass die Firma einen großen Pool an Freelancern hat, die bedarfsabhängig in Projekte geholt werden können.

5.4 Personalmanagement

Eine der größten Kostenstellen in einem Unternehmen ist das Personal. Bei Fusionen und Übernahmen ist das selbst dann ein Faktor, wenn nicht alle Mitarbeiter übernommen werden können oder sollen. Eine Analyse der Ist-Situation kann Dir dabei helfen, die aktuellen und zukünftigen Kosten für Mitarbeiter besser einzuschätzen.

Als Erstes wirst Du die **Gesamtzahl der Mitarbeiter** und die Gesamtkosten ermitteln. Bei Firmen mit einem hohen Personalaufwand spielt auch die **Fluktuation** eine Rolle. Ebenso wirst Du auf das Alter der Mitarbeiter achten müssen. Zwar sind viele ältere Angestellte teuer, werden aber auch eher in Rente gehen und sind schwieriger zu entlassen. Oftmals haben sie auch mehr Erfahrung. Junge Mitarbeiter sind eher bereit, eine Firma zu wechseln, und können Unruhe in das Unternehmen bringen, das als Käufer fungiert. Eine weitere gute Kennzahl ist der **Krankenstand**: Wie häufig fehlen Mitarbeiter? Diese Daten solltest Du dann mit dem Branchendurchschnitt vergleichen. Du kannst auch schauen, ob Urlaube nicht genommen werden. Das kann aber sowohl bedeuten, dass Mitarbeiter sich so wohlfühlen, dass sie gerne mehr arbeiten, aber auch, dass die Arbeitsbelastung hoch ist und Mitarbeiter befürchten, den Arbeitsplatz zu verlieren.

Da Du eine Firma mit Wachstumspotenzial kaufen willst, interessiert Dich auch der Bereich der Weiterbildung. Hier sollten Dir folgende Fragen beantwortet werden:

- Welche Weiterbildungsmaßnahmen gibt es?
- An wen richten sie sich?
- Wie oft werden sie angeboten?
- Wie werden die Ergebnisse evaluiert?
- Welche internen Maßnahmen gibt es, um die Fähigkeiten der Mitarbeiter zu verbessern?
- Wie hoch sind die Kosten für diese Maßnahmen?

Ob eine Firma einen **Betriebsrat** hat oder nicht, sollte für die Übernahme nur dann eine Rolle spielen, wenn es viele Konflikte zwischen der Unternehmensleitung und den Mitarbeitern gegeben hat. Eine Mitarbeitervertretung muss nicht per se bedeuten, dass die Angestellten konfliktbereit sind. Auch ohne einen Betriebsrat können Mitarbeiter aufbegehren, in dem sie zum Beispiel den Weg der inneren Kündigung gehen, Betriebsgeheimnisse verraten oder andere aufwiegeln. Betriebsräte zeigen sich auch oft offen gegenüber neuen Lösungen, wenn dadurch Mitarbeiter ihren Job behalten können oder es annehmbare Abfindungen gibt.

5.5 Forschung und Produktentwicklung

Die Zukunftsfähigkeit einer Firma zeigt sich in der Forschung und der Produktentwicklung. Hierbei geht es weniger um die Budgets, die dafür veranschlagt werden, sondern die Innovationskraft. Gerade im Technologiebereich werden viele Übernahmen nur vollzogen, weil man sich Know-how einkaufen willen und hofft, daraus in Zukunft bessere und neue Produkte schaffen zu können. Es gibt durchaus Firmen, die sehr kreative und innovative Mitarbeiter eingekauft haben, daraus aber keinen Nutzen ziehen konnten. Sie sind aber schon wegen des Human Capitals ein guter Übernahme-Kandidat.
Bei produzierenden Unternehmen liegt das Augenmerk auf der Forschung, gerade wenn es um patentierbare Produkte und Verfahren geht.

Wichtige Fragen sind:

- Wie hoch ist der Gesamtaufwand?
- Wie lange braucht ein Produkt bis zur Marktreife?
- Wie hoch ist der Personalaufwand?
- Wie viele Patente sind aus der Forschung entstanden?

- Wie ist der Industriestandard (auch international) in dieser Branche?

In anderen Branchen ist die Produktentwicklung wichtig, auch von virtuellen Gütern. Beispiele sind Dienstleistungsunternehmen wie Banken und Versicherungen. Produkte werden hier schnell und in kurzen Zyklen entwickelt. Die Zahl der Produkte, die neu auf den Markt kommen, ist ebenso bedeutsam wie der Erfolg. Eine Firma, die viele tolle Ideen hat, die sich aber nicht verkaufen kann, ist kein guter Übernahmekandidat. Interessant ist auch, wie die Forschung und die Produktentwicklung in die Organisation eingebunden sind:

- Müssen die Abteilungen an viele verschiedene Vorgesetzte berichten?
- Gibt es ein Genehmigungsverfahren für die Produktentwicklung?
- Wie frei können die Forscher und Entwickler arbeiten?
- Welche Budgets sind dafür festgelegt?

5.6 Rechtliches

Ein besonders leidiges und oft langweiliges Thema bei Fusionen und Übernahmen sind die rechtlichen Aspekte. Gleichwohl sind sie essenziell, und deswegen wirst Du auch Deine Anwälte dabeihaben müssen, wenn es um die Verkaufsgespräche geht. Zunächst wird die Rechtsform interessant sein: Bei einer GmbH müssen die Gesellschafter zustimmen, bei einer Aktiengesellschaft die Aktionäre gefragt werden. Je nach Unternehmensform gibt es verschiedene Stakeholder, die mitmischen wollen und manchmal auch den Preis nach oben treiben möchten. Den eigentlichen Kaufvertrag solltest Du von den Anwälten aufsetzen lassen, sie kennen sich am besten damit aus.

Es gibt aber auch noch andere rechtliche Fragen zu klären:

- Ist das Unternehmen derzeit in Rechtsstreitigkeiten verwickelt?
- Wenn ja, welcher Natur sind diese?
- Ist das Unternehmen Kläger oder Beklagter?
- Welche Auswirkungen hätte eine Niederlage im Rechtsstreit?

- Sind vonseiten der Behörden rechtliche Probleme zu erwarten, zum Beispiel in einem Genehmigungsverfahren oder in einer steuerlichen Auseinandersetzung?
- Sind steuerliche Nachforderungen zu erwarten?
- Wie sind die Verträge mit den Zulieferern gestaltet?
- Welche Laufzeiten haben Verträge für Maschinen, Gebäude usw.?
- Gibt es kartellrechtliche Bedenken gegen einen Zusammenschluss?
- Muss der Betriebsrat einer Fusion zustimmen?
- Gehen Lizenzen und Patente in das Eigentum des Käufers über?
- Gibt es vertragliche Verpflichtungen, die den Käufer über viele Jahre binden würden, auch gegenüber Angestellten (Betriebsrenten)?
- Welche betrieblichen Leistungen für Mitarbeiter gibt es über das Gehalt hinaus und auf welche Zeit sind diese festgeschrieben oder angelegt?

5.7 Technologie

Selbst das traditionelle Maschinenbauunternehmen kommt ohne moderne Technologie nicht mehr aus. Veraltete Technik kann ein großes Hindernis für eine Fusion oder eine Übernahme werden. Denn die technischen Lösungen haben Auswirkungen auf das operative Geschäft: Wer seine Lieferanten noch in Büchern führt, wird keine Daten produzieren, die Preisentwicklungen und Lieferverzögerungen über bestimmte Zeiträume darstellen können. Ein modernes Unternehmen sollte technisch auf dem aktuellen Stand sein. Man muss nicht gleich die Blockchain eingeführt haben, aber nur mit Excel und Word zu arbeiten ist nicht mehr zeitgemäß.

Die technische Ausstattung hat natürlich auch Auswirkungen auf den Investitionsbedarf. Wenn Du nach der Übernahme feststellst, dass Du 200 neue Computer kaufen musst, wird das Deine Kalkulation durcheinanderbringen. Das gleiche gilt für abgelaufene Software-Lizenzen und veraltete Programme, die nicht mehr aktualisiert werden können. Wichtig ist hier auch der Industriestandard: Entspricht man heutiger gängiger Praxis, zum Beispiel was Online-Banking, elektronische Rechnungen oder Produktionsüberwachung betrifft?

Ein ebenso wichtiger Posten ist die Sicherheit. Hier wirst Du etwas ins Detail gehen müssen und eventuell die Hilfe von Fachleuten brauchen. Sie schauen sich die internen Regeln an, die den Datenschutz und die Cyber-Security angehen:

- Welche Regeln gibt es für die Benutzung von Computern?
- Dürfen Mitarbeiter eigene Geräte benutzen? Wenn ja, wie werden diese abgesichert?
- Wie ist die Sicherheitsstruktur der IT aufgebaut?
- Sind alle Server-Zertifikate aktuell?
- Welche Virenscanner werden eingesetzt?
- Welche Zugriffsberechtigungen gibt es und wie werden diese überwacht?
- Wer ist verantwortlich und wo ist die IT in der Hierarchie angesiedelt (berichtet IT an den Vorstand/Geschäftsführung)?

5.8 Marketing, PR und Vertrieb

Die Bereiche Marketing und PR sind traditionsgemäß etwas schwieriger in Zahlen zu fassen. Als Erstes solltest Du einen Blick auf die Ausgaben werfen:

- Wie hoch ist das Gehalt der PR- und Marketingchefs?
- Welche Agenturen arbeiten für die Firma und wie sind die Verträge gestaltet?
- Wie sind PR und Marketing in der Firmenstruktur budgetiert (zum Beispiel als eigene Abteilung)?

Weiterhin spielt auch die Qualität der PR und des Marketings eine Rolle. Gerade bei Werbemaßnahmen zeigt sich, ob das Unternehmen überhaupt in der Lage ist, seine Produkte den Kunden bekannt zu machen. Schaue Dir vergangene Kampagnen an, aber auch welche Kanäle im Marketing und in der Werbung verwendet werden. Eine große Rolle spielen heute digitale Kanäle und Soziale Medien. Hier ist es interessant, zu erfahren, ob das Unternehmen auch im Marketing im digitalen Zeitalter angekommen ist, welchen Online-Offline-Mix es gibt und welche Ausgaben in welchen Bereichen gemacht werden. Manche Firmen verbrennen eine

Menge Geld im Marketing, weil sie verzweifelt hoffen, die Lautstärke der anderen noch zu übertreffen, und merken dabei nicht, dass keiner mehr zuhört. Beim Vertrieb ist zunächst die Struktur interessant:

- Wie viele Mitarbeiter gibt es?
- Sind sie fest angestellt oder arbeiten sie auf Provisionsbasis?
- Wie loyal sind die Verkäufer, und arbeiten sie exklusiv für die Firma?
- Wie erfolgreich ist der Vertrieb durch Mitarbeiter?
- Welche Online-Vertriebskanäle gibt es und wie performen diese?

Schließlich spielt auch die Meinung der Kunden eine große Rolle. Versuche, zumindest Stichproben von Kunden zu bekommen, in denen sie nach ihrer Meinung zum Unternehmen und seinen Produkten befragt werden. Es können sowohl Geschäftspartner als auch Endkunden befragt werden. Versuche eine klassische Umfrage mit Antwortvorgaben oder Bewertungszahlen zu vermeiden – höre den Kunden zu und schreibe die wichtigsten Punkte auf, die angesprochen werden. Du wirst so mit recht geringem Aufwand einen Eindruck bekommen, wie es um die Reputation des Unternehmens bei Kunden und Partnern bestellt ist. Das kann manchmal wertvoller sein als das Zahlenpaket aus der Buchhaltung.

Ein **Beispiel** war die **Übernahme von Monsanto durch Bayer**. Zwar war den Leverkusenern wohl klar gewesen, dass Monsanto das umstrittene Produkt Glyphosat im Angebot hat, aber man hatte unterschätzt, welch weitreichende Folgen das haben könnte. Vielleicht lag es daran, dass die Glyphosat-Debatte sehr emotional geführt wurde und die Bayer-Chemiker nicht verstanden, was das Problem ist – denn rein wissenschaftlich gibt es kaum etwas an der richtigen Anwendung des Produkts auszusetzen. Aber Fakten spielen vor allem bei amerikanischen Umweltschutzorganisationen und Gerichten nicht immer eine Rolle und so wurde ein Prozess nach dem anderen angestrengt, bei dem immer wieder Monsanto Beklagter war. Die nächste Krise hatte man durch das Produkt Dicamba, ein Herbizid, welches auch Nutzpflanzen vernichtet, wenn sie nicht mit Erbgut von Monsanto ausgestattet wurden. Was wohl anfangs als reines PR-Problem gesehen wurde, hat sich zu einer ernsthaften Gefahr für den Bayer-Konzern entwickelt. Einem Amerikaner wurden 80 Millionen Dollar Schadensersatz für die Folgen von der Verwendung von Roundup, dem Glyphosat-Produkt von Monsanto, zugesprochen. Man rechnet damit, dass dieser Musterprozess auch Auswirkungen auf die weiteren 11.000 Klagen haben könnte. Und selbst nach dem Urteil versuchte Bayer noch abzuwiegeln: "Das Unternehmen verweist darauf, dass aus seiner Sicht das jetzt abgeschlossene Verfahren keinen Einfluss auf zukünftige Fälle habe", schrieb ZDF-Heute auf seiner Webseite[10] im März 2019. Weiter heißt es: "Das sehen viele Beobachter allerdings anders – und der Aktienkurs des Konzerns spricht darüber Bände. Seit August vergangenen Jahres, als das erste Urteil gegen Monsanto-Bayer erging, ist der Aktienkurs von Bayer um rund 40 Prozent eingebrochen. Anleger befürchten offenbar, dass Schadenersatzzahlungen in Milliardenhöhe auf den Konzern zukommen werden. Die Übernahme von Monsanto erscheint vor diesem Hintergrund als potenzielles Fiasko."

Denn Bayer hatte für die Übernahme des Saatgut- und Pestizidriesen aus den USA rund 59 Milliarden Euro bezahlt – es war die größte Auslandsübernahme eines deutschen Unternehmens in der Geschichte. Seitdem ist Bayer zwar zur weltweiten Nummer 1 im Bereich der

[10] Ehrhardt, M. (2019): Prozess in den USA – Monsanto droht für Bayer zum Fiasko zu werden. URL: https://www.zdf.de/nachrichten/heute/bayer-monsanto-uebernahme-droht-zu-fiasko-zu-werden-100.html [Stand: 28-12-2019]

Agro-Chemie aufgestiegen, doch mit der Größe sind auch die Risiken explodiert.
Nachdem Bayer sogar als Übernahmekandidat gehandelt wurde, versucht der Konzern nun den Verhandlungsweg. Man hat acht Milliarden Dollar zurückgelegt und will eine einvernehmliche und vor allem außergerichtliche Lösung mit den Klägern suchen.[11]

5.9 Interne Struktur

Wenn Unternehmen zusammengeführt oder übernommen werden sollen, sind die Organisationsstrukturen die Schnittstellen, die zusammenpassen müssen. Je mehr Du über den Aufbau der anderen Firma weißt, umso besser kannst Du einschätzen, wie eine Integration möglich sein kann.
Zunächst wirst Du Dir das Organigramm anschauen müssen. Darin sind die wichtigsten Abteilungen abgebildet und wem sie jeweils berichten. Interessant ist auch die Tiefe des Organigramms. Hier kannst Du erkennen, wie viele Hierarchiestufen es gibt. Frage nach, ob die Grafik auch regelmäßig aktualisiert wird. Es wäre wenig

[11] finanzen.at (2019): Bayer stellt Bedingungen für Glyphosat-Vergleich in USA.URL: https://www.finanzen.at/nachrichten/aktien/bayer-stellt-bedingungen-fuer-glyphosat-vergleich-in-usa-1028568877 [Stand: 12-02-2020]

hilfreich, erst später zu erkennen, dass man das Marketing schon vor einem Jahr mit dem Vertrieb zusammengelegt hat.

Manche Unternehmen haben auch ein Handbuch, welches sie neuen Mitarbeitern geben und in dem die Struktur der Firma erklärt wird. Es lohnt sich immer, auch einen Blick in dieses Buch zu werfen. Natürlich sollte dieses auf dem neuesten Stand sein und als PDF zur Verfügung stehen.

In diesen Handbüchern werden auch die Aufgaben der verschiedenen Unternehmensbereiche und -abteilungen beschrieben. Außerdem wirst Du hier die Visionen finden, die Mission-Statements und vor allem auch interne Regeln. Schaue Dir genau an, wie diese Regeln formuliert sind. Sie sind Ausdruck der realen Unternehmenskultur und können manchmal ein anderes Bild malen als die schönen Worte der Führung. Eine Firma, die auf Selbstverantwortung und Kompetenz der einzelnen Mitarbeiter setzt, im Handbuch aber vier Schritte zur Genehmigung eines Urlaubs aufschreibt, meint es wohl nicht ernst. Regeln sind natürlich unumgänglich, vor allem wenn sie einfach nur Prozesse beschreiben. Sie können aber auch Ausdruck einer übergroßen Bürokratie sein.

Teil des Mitarbeiterhandbuchs können auch die Aus- und Weiterbildungen sein. Eine Firma, die darauf achtet, dass ihre Mitarbeiter immer auf dem neuesten Stand sind, wird mehr wert sein als ein Unternehmen, bei dem Weiterbildung eher sporadisch geschieht. Lass

Dir nicht nur zeigen, welche Angebote es gibt, sondern auch, ob diese wahrgenommen werden. Die besten Seminare helfen nichts, wenn Abteilungsleiter die Mitarbeiter dafür nicht freistellen. Natürlich sollten auch die Kosten für die Aus- und Weiterbildung beziffert werden. Hier liegt manchmal der Teufel im Detail: Übereifrige und wohlmeinende Vorstände neigen manchmal dazu, horrende Summen für Workshops und internationale Keynote-Speaker auszugeben. Dieses Geld ist in den meisten Fällen besser in fachspezifischen Seminaren als in Motivationstrainings angelegt.

5.10 Firmenkultur

Es wird weithin unterschätzt, dass Fusionen weniger an den gesteckten Finanzzielen scheitern, sondern an weichen Faktoren. "Analysiert man den Erfolg von Fusionen und Übernahmen in den letzten Jahren, dann macht sich Ernüchterung breit. Studien belegen, dass nur jede dritte Transaktion zu einer Steigerung des Unternehmenswerts führte. Jede zweite Transaktion vernichtete hingegen Kapital. Zentrale Ursache hierfür war neben einer falschen Akquisitionsstrategie und einer mangelhaften Transaktionsvorbereitung häufig ein falsches Integrationsmanagement. So wurde z. B. in der Post-Merger-Phase, in der die erhofften Wertsteigerungen erreicht werden sollten, häufig ein zentraler Erfolgsfaktor vernachlässigt: die Kulturintegration", schrieb bereits 2009 die Unternehmensberaterin Silke Gross-Hornke.[12]

Bei Fusionen und Käufen müssen zwei verschiedene Unternehmenskulturen in Einklang gebracht werden, um den Erfolg zu sichern. Dieser Integrationsprozess ist nicht unproblematisch, speziell wenn es um internationale Zusammenschlüsse mit unterschiedlichen Landes- und Arbeitskulturen geht. Das Problem ist, dass man in der Pre-Verhandlungsphase noch wenig Wissen darüber hat, wie es um die Kultur bestellt ist. Erst wenn an die Aufnahme von Verhandlungen bekannt gegeben hat, kann man auch Mitarbeiter befragen. Du solltest auf jeden Fall Interviews durchführen. Fragen können sein:

- Welche Bedenken gibt es gegen eine Fusion?
- Welche Vorteile stellt man sich vor?
- Wie gerne arbeitet man für die Firma?
- Was macht die Firma so besonders?
- Gibt es bereits negative Erfahrungen mit anderen Übernahmen?
- Hat man Angst um den Arbeitsplatz und warum?

[12] Grosse-Hornke, S.; Gurk, S. (2009): Die Unternehmenskultur – Erfolgsfaktor bei Fusionen. In: Arbeit und Arbeitsrecht - Personal-Profi, 6/09, S. 354

- Was bedeutet eine Übernahme für uns als Team bzw. für mich als Mitarbeiter ganz konkret bei unserer/meiner täglichen Arbeit?

Entscheidend ist, dass die Konfliktpotenziale erkannt und ernst genommen werden. Bei der Risikoanalyse reicht das Spektrum der Möglichkeiten von wissenschaftlichen Methoden bis hin zu einem eher intuitiven Vorgehen mit Interviews von ausgewählten Führungskräften und Mitarbeitern zu bestimmten Themenfeldern. Wenn Du die Möglichkeiten hast, dann lass diese sogenannte Cultural Due Diligence von externen Beratern durchführen. Sie nehmen eine neutrale Stellung und ein und stehen nicht unter dem Druck, eine Fusion zu jedem Preis durchführen zu müssen.

Es gibt **drei Möglichkeiten, Unternehmenskulturen zusammenzubringen**:

- Man übernimmt die Kultur des anderen.
- Man vermischt beide Kulturen.
- Die beiden Kulturen bleiben nebeneinander bestehen.

Alle drei Optionen sind möglich, wenn es die Fusionsstruktur zulässt. Wenn man die andere Firma weitgehend autark arbeiten lässt, können **unterschiedliche Kulturen** auch weiterhin bestehen. **Übernahme einer**

Kultur birgt das größte Konfliktpotenzial, ist aber nicht zu vermeiden, wenn man einen großen Teil Mitarbeiter und Prozesse übernimmt. Eine **Vermischung** ist oft der beste, aber auch ein langwieriger Weg, der oft genug in einer neuen Formulierung der Firmenkultur endet.

Die Mitarbeiter sind bei der Unternehmenskultur zwar die Personen, die betroffen sind, aber selten in den Fusionsverhandlungen gefragt werden. Sowohl als Käufer als auch als Verkäufer solltest Du diesem Thema viel Raum geben, selbst bei kleineren Firmen. Ein Reiseveranstalter in Asien hatte eine Firma aufgekauft, die ihm neues Geschäft bringen konnte. Die Firma selbst war am Boden, zu hohe Kosten, unmotivierte Mitarbeiter, schlechte Führung. Diese Angestellten wollte man nun integrieren, was komplett misslang. In einigen Büros musste man sie gleich entlassen, in anderen liefen sie selbst davon. Die Entlassungen kosteten eine Menge Geld an Abfindungen, was nicht eingepreist war. Schlimmer aber war, dass die Mitarbeiter des Käufers jetzt auch die Arbeit der anderen mitmachen mussten. Das wiederum schlug auf die Stimmung um. Nur weil in der Käuferfirma eine recht hohe Loyalität herrschte und ein engagiertes Mittelmanagement die Ärmel hochkrempelte, konnten auch dort Kündigungen vermieden werden.

6. Die Entscheidungsphase

In der Entscheidungsphase wirst Du alle vorhandenen Informationen zusammentragen und dann versuchen einen Preis zu ermitteln. Diesen wirst Du dann dem zu übernehmenden Unternehmen anbieten können. Solltest Du selbst Dein Unternehmen verkaufen wollen, kannst Du ebenfalls einen Verkaufspreis ermitteln. Die Werkzeuge und Prozesse sind die gleichen. Allerdings wird Dein Preis wahrscheinlich höher ausfallen als das Angebot des Käufers. Dafür gibt es dann die Verhandlungen.

6.1 Die Preisfindung

Bei der Festlegung des für ein Unternehmen zu zahlenden Preises, sind viele Faktoren zu berücksichtigen:

- Finanzielle Gesundheit des erworbenen Unternehmens
- Wie gefestigt ist der Betrieb?
- Wettbewerbsfähigkeit

- Steuerliche Vor- und Nachteile einer Übernahme/Fusion
- Erwartete Rentabilität und Umsatz
- Personal-Kapital und -kosten
- Managementqualität, vor allem Kompetenzen der Führungskräfte und Fachleute
- Vermarktungsparameter wie Qualität, Produktlinien, Marktanteile und Vertriebskanäle
- Kundenbasis
- Wirtschaftliches Umfeld
- Politisches Umfeld (Lage in geförderten Gebieten mit Steuererleichterungen, oder auch Niederlassungen in politisch instabilen Ländern)
- Struktur der Vereinbarung, einschließlich Fremd- oder Eigenkapital, Barmittel oder Aktien, Transaktionskosten und Zeitraum
- Verbesserung für das eigene Unternehmen, zum Beispiel durch Diversifikation und / oder Integration
- Einfache Übertragbarkeit des Eigentums
- Wechselkursschwankungen

- Rechtliche Fragen wie die Möglichkeit von Aktionärshaftpflichtklagen
- Kartellrechtliche Argumente
- Mitarbeitermotivation

Der Buchwert

Der Buchwert entspricht dem Nettovermögen eines Unternehmens: Das Gesamtvermögen - Gesamtverbindlichkeiten entspricht dem Buchwert. In der Bilanz der Gesellschaft wird diese Zahl ebenfalls als Eigenkapital verbucht. Für Investoren ist der Buchwert deshalb wichtig, da ein Unternehmen mit einem höheren Buchwert als dem Marktwert ein besonders guter Übernahmekandidat ist.

Der Buchwert bezieht sich aber auch auf die einzelnen Vermögenswerte des Unternehmens und kann seinen wahren Wert verschleiern. Denn wenn eine Firma zum Beispiel mit recht alter Technologie dennoch zukunftsweisende Produkte entwickeln kann, schlägt sich das in der Bilanz nicht unbedingt nieder.

Der Marktwert

Der Marktwert wird formal dadurch berechnet, indem die Anzahl der ausstehenden Aktien mit dem aktuellen Aktienkurs multipliziert wird. Dies wird auch als Marktkapitalisierung bezeichnet. Es zeigt den Wert, den Anleger im Unternehmen sehen, was manchmal mehr ist als der Buchwert. In einem solchen Fall geht der Markt davon aus, dass die Ertragskraft des Unternehmens höher ist als der Buchwert. Die meisten DAX-Unternehmen haben eine höhere Marktbewertung, als der Buchwert ist. Bei Start-ups, vor allem in den USA, nimmt der Marktwert bisweilen bizarre Formen an. Denn auch wenn es kaum einen realen Buchwert gibt, überbieten sich Investoren, wenn es um Anteile in der Firma geht.

Lutz Johanning beschrieb in der FAZ die Lage bereits im Jahr 2001 sehr kritisch:
"Wachstumsstarke, junge Unternehmen aus den Bereichen Telekommunikation, Informationstechnologie, Medien und Entertainment (TIME) sowie aus dem Bereich Biotechnologie zeichnen sich typischerweise durch geringe Umsätze und negative Cashflows aus, verfügen aber über ein großes immaterielles Vermögen wie Patente, innovative Geschäftsideen, Markenaufbau, besetzte Vertriebskanäle und geheim gehaltenes Wissen.

Der Wert dieser Unternehmen leitet sich somit nicht oder nur zu einem geringen Teil aus den bestehenden Geschäften ab, sondern aus der Erwartung, dass das immaterielle Vermögen in naher Zukunft gewinnbringend genutzt werden kann, Umsätze und Erträge also stärker wachsen werden als bei am Markt bereits etablierten Unternehmen. Natürlich steht dem großen Ertragspotenzial der Wachstumsunternehmen auch ein großes Risiko gegenüber. Manchmal zahlen sich Investitionen nicht so schnell wie erwartet oder gar nicht aus, und Verluste treten dann länger auf als geplant. Das kann für manches Unternehmen die Insolvenz bedeuten."[13]

Ein aktuelles Beispiel, wie solche Einschätzungen von Start-ups daneben liegen können, ist die US-Firma WeWork. Sie wurde als Einhorn gefeiert, von dem man sich einen kometenhaften Aufstieg und entsprechende Profite versprach. Doch die Dokumente, die man im Börsengang vorlegte, sprachen eine andere Sprache: Man hatte 900 Millionen Dollar Schulden allein in der ersten Hälfte in 2019 gemacht, außerdem hatte man Mietkosten von 47 Milliarden Dollar in den Büchern stehen. Da half es auch nicht, dass sich die Umsätze durchaus gut entwickelten – man verdiente schlicht nicht genug Geld.

[13] Johanning, L. (2001): Wie bewertet man Wachstumsunternehmen. URL: https://www.faz.net/aktuell/finanzen/start-up-wie-bewertet-man-wachstumsunternehmen-124004.html [Stand:12-01-2020]

Eine große Rolle spielte auch der Gründer Adam Neumann, ein klassischer Darling der Venture-Capital-Branche, locker und gleichzeitig ambitioniert, von sich selbst sehr überzeugt und selten zu Kompromissen bereit.[14]

Start-ups sind schwierige Übernahmekandidaten, weil sie oftmals große Summen an Investitionen bekommen haben. Entsprechen sie nicht den Erwartungen werden die Investoren versuchen, so viel Geld wie möglich wieder zurückzubekommen. Das kann aber den ohnehin überhöhten Marktpreis nochmals verteuern.

Am besten wirst Du versuchen, einen Mittelwert zwischen dem Buchpreis, der den realen Wert darstellt und dem Marktwert, der einen zukünftigen und möglichen Wert repräsentiert, zu finden. Je kürzer ein Unternehmen auf dem Markt ist und je geringer die tatsächlichen Umsätze sind, umso vorsichtiger solltest Du sein. Denn in diesem Fall kaufst Du gut klingende Versprechungen, die in vielen Fällen nicht zu halten sind. Überlasse dieses Risiko besser Kapitalgebern.

Letztlich ist die Bewertung eines Unternehmens immer eine Schätzung. Als Ausgangspunkt für die Bewertung müssen die wichtigsten Finanzdaten gesammelt und

---

[14] Brooker, K. (2019): The fall of WeWork's Adam Neumann. URL: https://www.fastcompany.com/90410492/the-fall-of-weworks-adam-neumann [Stand: 02-02-2020]

analysiert werden, einschließlich Berichte der vergangenen Jahre, Prognosen und Steuererklärungen.

Die Bewertungsansätze können gewinn- oder vermögensorientiert sein. Zukünftige Einnahmen können mit der erzielbaren Rendite abgezinst werden. Vermögenswerte können zum Zeitwert bewertet werden, beispielsweise durch Schätzung. Es gibt für solche Analysen auch recht gute Computerprogramme.

Vergleiche mit Branchen-Durchschnitt

Am besten wirst Du erst einmal schauen, wie vergleichbare Unternehmen in derselben Branche bewertet werden. Als Quellen dienen internationalen Firmen wie Standard and Poor's, Moody's, Value Line, Dun and Bradstreet und Robert Morris Associates, und die Berichte von deutschen Wirtschaftsprüfungsgesellschaften und Banken. Versuche außerdem öffentlich zugängliche Quellen zu verwenden. GmbHs müssen zwar keine Ergebnisse offenlegen, es kann aber gut sein, dass diese in Pressemitteilungen veröffentlicht wurden.

Die Unternehmensbewertung besteht aus mehreren Daten, zum Beispiel:

- Gewinne, Überschüsse, Cashflows
- zukünftiger Cashflow
- Buchwert des Nettovermögens
- materielles Nettovermögen
- wirtschaftliches Nettovermögen
- Fairer Marktwert
- Bruttoumsatzmultiplikator
- Gewinnmarge / Kapitalisierungsrate
- Kursgewinnfaktor

- Vergleichswert ähnlicher Unternehmen und aktueller Aktienverkäufe.

Ertragskapitalisierung

Bei der Bewertung eines Unternehmens sollte in erster Linie das Ergebnis berücksichtigt werden. Vergangene Gewinne sind in der Regel der Ausgangspunkt für die Anwendung einer Kapitalisierungsmethode auf die meisten Unternehmensbewertungen.
Das Nettoergebnis sollte um außergewöhnliche einmalige Einnahmen- und Ausgabenposten bereinigt werden, zum Beispiel den Verkauf von Unternehmensteilen. Zinsaufwendungen sollten ebenfalls zum Nettoergebnis hinzugerechnet werden, da es sich um die Kosten für Kreditaufnahmen handelt und daher für die Bestimmung des Betriebsgewinns des Unternehmens nicht relevant ist. Leasingzahlungen sollten ebenfalls analysiert werden vor allem wenn es sich um große Ausgaben für Gebäude, Fuhrpark oder Maschinen handelt.

Wenn das Betriebsvermögen schneller als üblich abgeschrieben wird, solltest Du das Nettoeinkommen entsprechend korrigieren. Verfügt die Gesellschaft über einen erheblichen Betrag an Kapitalerträgen (z. B. Dividendenerträge, Zinserträge, Mieterträge aus nicht betriebsnotwendigen Immobilien), kann sich der Jahresüberschuss um die Kapitalerträge verringern, wobei die Steuern entsprechend angepasst werden. Für Dich ist zunächst einmal wichtig, wie gut das Unternehmen im operativen Geschäft dasteht.

Das bereinigte Ergebnis führt zu einer Ergebnisqualität. Das angepasste Ergebnis wird dann mit einem Multiplikator multipliziert, um den Wert eines Unternehmens zu bestimmen. Der Multiplikator sollte für ein Geschäft mit geringem Risiko höher sein, im Allgemeinen jedoch nicht höher als 10.
Am besten nimmst Du die bereinigten Ergebnisse der vergangenen fünf Jahre und bildest einen Durchschnittswert. Mit einem Multiplikator von 4 oder 5 bist Du auf der sicheren Seite bei der ersten vorsichtigen Bewertung.

Ein Beispiel:
Eine Firma verdiente 325.000 Euro im vergangenen Geschäftsjahr. Der Betrag wird um folgende Daten bereinigt:

Gehaltserhöhungen	50.000
Außergewöhnliche Einnahmen	- 60.000
Betriebsrenten	40.000
Privatentnahmen der Geschäftsführung	30.000
Zinsen	20.000

Dividenden	- 10.000
Mietpreisbereinigungen	- 5.000
Markt- und Preisanpassungen	10.000

Das bereinigte Ergebnis beträgt 400.000 Euro. Verwendest Du als Multiplikator 4, dann kann das Unternehmen mit 1,6 Millionen Euro bewertet werden.[15]

Andere Methoden berechnen die Überschüsse, die ein Unternehmen in den vergangenen fünf Jahren erwirtschaftet hat, und gewichtet diese, um die Profitabilität zu verstehen. Dieser Weg ist dann schwierig, wenn nicht einmal Netto-Überschüsse erwirtschaftet wurden. Ähnlich verhält es sich auch mit dem Ansatz, ein Unternehmen nach dem Cashflow zu bewerten. Gerade Übernahmen werden deshalb angestrebt, weil ein Unternehmen Cashflow-Probleme hat und dringend Kapital braucht, das die Banken nicht mehr geben wollen oder können. Solange der Cashflow-Stau auf Außenständen und langen Zahlungszielen beruht, kann die Firma selbst kerngesund sein.

[15] Delta Publishing Company (2009): A Practical Guide to Mergers, Acquisitions and Divestitures, S. 39

Der für ein Unternehmen zu zahlender Preis hängt von vielen Faktoren ab, einschließlich der Stärken, Schwächen und Perspektiven des Verkäufers. Die Vorstellungen und Ziele des Käufers sind ebenfalls relevant. Wer das Unternehmen mit Barmitteln kauft, kann zum Beispiel einen niedrigeren Preis erwarten, als wenn es über Kredite finanziert wird.

Bei der Bewertung eines Unternehmens sollte mehr Gewicht auf die Ertragsansätze und weniger auf die Vermögensansätze gelegt werden. Die Bewertung kann dennoch auf einem kombinierten Ansatz von Methoden einschließlich Ertrags- und Vermögensbewertung basieren. Aber das Vermögen kann darüber hinwegtäuschen, wie zukunftsfähig die Firma ist. Geht es Dir darum, die Maschinen, die Forschungsabteilung, Patente und Lizenzen oder ähnliche Werte zu kaufen, dann ist das Vermögen interessant. Brauchst Du die Firma aber aus strategischen Gründen, wirst Du Dir das Tagesgeschäft und die tatsächlichen Verdienste anschauen müssen.

Bei Übernahmen, die durch Banken finanziert werden, wird oft den Zahlen Vorrang gegeben, weil man sich damit auf der sicheren Seite glaubt. Man sollte aber nicht vergessen, dass es einen Grund für eine Firma gibt, um sich zum Kauf anzubieten. Ein geringer Preis mag ein Schnäppchen sein, kann aber auch daran liegen, dass die Produkte einfach nicht (mehr) marktfähig sind.

In den meisten Fällen wirst Du nicht selbst das Unternehmen bewerten, sondern Dir Hilfe suchen. Bei kleineren Firmen reichen dazu schon gute Wirtschaftsprüfer, bei mittleren und großen Übernahmen und Fusionen werden die Banken Experten schicken oder spezielle Beratungsfirmen, die sich auf Corporate Finance und den Merger und Acquisitions-Bereich konzentrieren.

Sich den Agenturen zu bedienen hat auch rechtliche Vorteile. Im Rahmen der Due Diligence kannst Du Dich damit absichern. "Der Begriff Due Diligence kommt aus dem US-amerikanischen Kapitalmarkt- und Anlegerschutzrecht (securities laws) und betrifft Haftungsregelungen für die am Handel mit Wertpapieren beteiligten Personen. Der Securities Act (SA) von 1933 regelt die erstmalige Ausgabe von Effekten. Gemäß sec. 11(a) SA 1933 haftet auch der testierende Abschlussprüfer gegenüber den Ersterwerbern eines öffentlich angebotenen Wertpapiers für Verluste, die diesen aus dem betreffenden Wertpapier entstehen, wenn die Registrierungsangaben bei der US-Börsenaufsichtsbehörde SEC irreführende Angaben enthielten (Emissionsprospekthaftung). Die sogenannte due diligence defense bietet dem Abschlussprüfer die Möglichkeit, sich dieser Haftung zu entziehen, wenn er nachweisen kann, dass er die Prüfung mit der angemessenen Sorgfalt (=due diligence) durchgeführt hat."[16]

Bei Übernahmen und Fusionen wird Due Diligence heute als Standard der Prüfung der Unternehmensbewertung verstanden. Nach US-Recht haftet der Käufer dafür, wenn er ein Kaufobjekt nicht sorgfältig untersucht hat. Zwar ist das im deutschen Recht nicht verankert, dennoch versucht man, sich zumindest an den Grundlagen der sorgfältigen Prüfung und der ihr zugrunde liegenden Prozesse zu orientieren. Die im Kapitel "Die wichtigsten Daten und Fakten" genannten Maßnahmen entsprechen grob den erforderlichen Prüfungsbereichen. Natürlich gibt es keine Garantie dafür, dass trotz sorgfältiger Prüfung eine Übernahme oder Fusion nicht schiefgeht.

[16] Confides AG: Information zur Due Diligence, S. 3. URL: https://www.slp.ch/wp-content/uploads/2014/05/Due-Diligence.pdf [Stand: 18-12-2019]

6.2 Die abschließenden Verhandlungen

Wenn Du einen Preis gefunden hast, wirst Du, bevor Du ihn offenlegst, auch die Spanne festlegen, in der Du Dich bewegen kannst. In den meisten Fällen werden Dir die Wirtschaftsprüfer dafür auch Empfehlungen geben.

Es gibt auch noch weitere Verhandlungsoptionen, die zu beachten sind. So kannst Du versuchen, nur bestimmte Unternehmensteile zu kaufen (oder zu verkaufen). Zum Beispiel dauerten die Verhandlungen des Metro-Konzerns um die Übernahme der Real-Supermärkte durch die Immobilienfirma Redis länger als erwartet. Grund für die Verzögerungen war der langwierige Prozess um den geplanten Verkauf einzelner Real-Filialen, die nicht mehr zum Kern der Kette gehören sollen. Die Fragen drehten sich vor allem um die tariflichen Verpflichtungen des Käufers. Metro bestand bei den Verhandlungen auch darauf, noch weiter im operativen Geschäft tätig zu bleiben und knapp unter 30 Prozent Anteile zu halten.

Gerade wenn es bei der Übernahme noch verbleibende Anteile gibt, kann das die Verhandlungen schwieriger gestalten. Das ist wie eine Scheidung, bei der aber beide Partner noch im Haus wohnen bleiben wollen. Um

Spannungen in den letzten Phasen zu vermeiden, sollten die Punkte, die außerhalb der reinen Finanzen liegen, möglichst früh angesprochen werden. Wenn Du eine Firma nur zum Teil übernehmen willst, überlege Dir vorher genau, was Du willst. Sind es die Flugzeuge, wie beim Kaufangebot von Lufthansa für Air Berlin, geht es darum, vom Geschäft zu profitieren, ohne selbst operativ tätig zu sein, wie bei Uber, die sich Anteile am Konkurrenten Grab kauften und ihr eigenes Geschäft in Südostasien zurückfuhren. Oder willst Du nur Patente und Lizenzen und das Tagesgeschäft langsam zurückfahren?

Die Gründe eine Firma (oder Anteile) zu kaufen oder zu fusionieren, sollten von Anfang an klar sein und in den Verhandlungen auch angesprochen werden. Die Finanzberater werden das ebenfalls schätzen, denn sie müssen das Verhandlungsergebnis in Zahlen fassen.

Haftungsfragen klären

Nach deutschem Recht haftet der Käufer eines Unternehmens für dessen Verbindlichkeiten. Bei den Verhandlungen sollte deshalb auch angesprochen werden, wie diese eingepreist werden können. Die rechtliche Lage zu erörtern ist wichtig. Katharina Lange von der Webseite Gruendercheck rät deshalb:

> "Ist der Betrieb im Handelsregister eingetragen und führt seine Geschäfte darüber hinaus unter dem gleichen Namen fort, haftet der Käufer bei Geschäftsübernahme für alle Verbindlichkeiten. Es sei denn, im Vertrag wurde etwas anderes vereinbart und den Gläubigern bekannt gemacht. Die Haftung gilt unter anderem für nicht gezahlte Versicherungsprämien oder für zur Zahlung gestellte Kosten oder Vergütungsansprüche. Ein Haftungsausschluss tritt gegenüber Dritten erst in Kraft, wenn er in das Handelsregister eingetragen wurde und bekannt gegeben worden ist. Wenn ein eingetragenes Unternehmen unter anderem Namen fortgeführt wird, haftet der Verkäufer nicht. Es sei denn, vertraglich wurde etwas anderes vereinbart.
>
> Für die Haftung für Steuern gilt Folgendes. Bei einer Geschäftsübernahme tritt der Käufer für betriebliche Steuern in Haftung. Das sind zum Beispiel Umsatzsteuern, die Gewerbesteuer oder die

Lohnsummensteuer. Deshalb sollte ein Steuerberater unbedingt prüfen, in welchem Umfang der Unternehmenskäufer mit Steuernachzahlungen rechnen muss. Frei von Haftung ist er übrigens bei den persönlichen Steuern aufseiten des Verkäufers. Das sind unter anderem Vermögens-, Erbschafts-, Einkommens- oder Grunderwerbssteuer."[17]

[17] Lange, K. (2015): Was bei einer Geschäftsübernahme zu beachten ist. URL: http://www.gruendercheck.com/thema/geschaeftsuebernahme [Stand: 14-12-2019]

7. Die Umsetzung

Die Verträge sind unterschrieben, das Geld ist überwiesen, das Bild der händeschüttelnden Vertragspartner ist veröffentlicht worden. Damit ist zwar die Arbeit des Verhandlungsteams beendet, die des Fusionsteams beginnt aber jetzt erst. Die Integration ist der wohl schwierigste Teil einer Übernahme und Fusion, denn hier treffen Wünsche auf Realitäten. Wenn Du nicht gerade die Firma komplett schließen willst oder sie selbstständig weiterführen lässt, wirst Du zu einem gewissen Grad Prozesse synchronisieren und harmonisieren müssen. Dabei gibt es vier wesentliche Aspekte:

7.1 Kulturen zusammenbringen

Jo Seldeslachts, wissenschaftlicher Mitarbeiter in der Abteilung „Wettbewerbsfähigkeit und industrieller Wandel", der Universitat Autònoma in Barcelona, beschreibt in einem Artikel den Versuch, mit Modellen das Scheitern von Fusionen und Unternehmen zu beschreiben:

> "In dem Modell kann gezeigt werden, warum Manager trotz rationalen Verhaltens unbeabsichtigt

den Misserfolg der Fusion verursachen können: Sie erwarten allein von ihrem Fusionspartner eine Anpassungsleistung, die sie selber nicht erbringen wollen. Wenn nun beide Beteiligten darauf warten, dass der jeweils andere Anstrengungen macht, sich anzupassen, wird das Zusammenwachsen der Unternehmen vermutlich nicht funktionieren. Misslingt die Integration verschiedener Unternehmenskulturen, können die vorher erhofften Synergiegewinne nicht erzielt werden. Schlechte Aktienwerte sind die Folge, und die Fusion kann nicht als Erfolg verbucht werden."[18]

Seldeslachts geht von **vier Annahmen** aus:[19]

- In dem Moment, in dem eine Fusion beschlossen wird, ist noch völlig unklar, welche Synergiegewinne wirklich möglich und zu erwarten sind.
- Die Schaffung einer gemeinsamen Unternehmenskultur ist sehr wichtig, da auf diese Weise der Erfolg von einer Fusion gemessen wird. An-

[18] Seldeslachts, J. (2005): Warum Fusionen Scheitern – Von Informationen und Integrationsanstrengungen. WZB-Mitteilungen, Heft 108. S. 16-19

[19] Seldeslachts, J. (2005): Warum Fusionen Scheitern – Von Informationen und Integrationsanstrengungen. WZB-Mitteilungen, Heft 108. S. 16-19

ders gesagt muss nach einem Zusammenschluss erst einmal erfolgreich eine solche Unternehmenskultur geschaffen werden.

- Für die Schaffung der genannten, neuen oder vielmehr gemeinsamen Unternehmenskultur sollte immer genug Zeit eingeplant werden. Die Schaffung der „Corporate Culture" findet in mehreren Schritten und auf verschiedenen Ebenen statt, sodass Geduld für die neue Identität des Unternehmens erforderlich ist.

- Auf beiden Seiten der ehemaligen Unternehmen müssen organisatorische Punkte angepasst werden. Es kann vorkommen, dass einer der beiden Partner sich mehr an den anderen anpasst, da diese Entwicklung sinnvoll erscheint. Die Integration und Angleichung der Unternehmen nach einer Fusion muss aber stets von beiden Seiten aus angestrebt werden.

In Experimenten konnte gezeigt werden, dass Fusionen dann am besten gelingen, wenn beide Seiten gleiche Vorteile davon haben. Das muss nicht einmal finanziell sein. Solange beide Seiten deshalb kooperieren, weil sie gleichen Nutzen daraus ziehen, sind die Chancen zum Erfolg groß. Solange es einen Vorteil gibt, wenn man nicht kooperiert, sinken die Chancen für eine langfristig erfolgreiche Fusion.

Der wohl prominenteste Fall einer gescheiterten Fusion, die nicht an Zahlen oder am Willen des Managements lag, war Daimler und Chrysler. Die Welt-AG hielt nur wenige Jahre, und Ursachen für das Scheitern gab es viele. So wird oft der Größenwahn vom damaligen Daimler-Chef Jürgen Schrempp genannt, der Warnungen und gut gemeinte Hinweise ignorierte. Man übersah aber auch, dass die Deutschen und die Amerikaner völlig anders arbeiten. In den USA wird schnell entwickelt, die Qualität später verbessert. Die Deutschen wollen hingegen das perfekte Auto auf den Markt bringen. Außerdem waren die Kunden verschieden, die Märkte zu unterschiedlich. Vor allem aber waren es die Menschen. Daimler war viel kleiner, aber wirtschaftlich erfolgreich und im Luxusmarkt ganz oben. Chrysler war drei Mal so groß, musste aber ums Überleben kämpfen. Und dennoch hatten die Angestellten in beiden Firmen ihren Stolz, und so verbrachte sie mehr Zeit damit ihre Unterschiede herauszustellen, als Gemeinsamkeiten zu finden. Die Ehe, die nach Worten Schrempps im Himmel geschlossen worden sei, ging nach neun Jahren zu Ende.[20] Eine Studie von McKinsey bezifferte den Schaden auf 74 Milliarden Dollar.

---

[20] Büschemann, K.-H. (2013): Gescheiterte Fusion von Daimler und Chrysler. URL: https://www.sueddeutsche.de/wirtschaft/gescheiterte-fusion-von-daimler-und-chrysler-pleite-nach-lehrbuch-1.1666592-2 [Stand: 12-01-2020]

Die **Saaman AG**, die Firmen bei der Integration von Übernahmen und Fusionen berät, hat verschiedene klassische Szenarien in einem Booklet mit dem Titel "Woran Fusionen wirklich scheitern" beschrieben. Ein Fall betrifft das Thema IT:

> "Ein europaweit tätiger Medienkonzern beschließt die Zusammenführung von Teilen zweier Konzerntöchter. Aus bestimmten Bereichen der IT-Servicetochter, die sich seit Jahrzehnten um die komplette interne Infrastruktur kümmert, soll in Verbindung mit Teilen der Direktmarketingeinheit des Konzerns ein neuer starker Anbieter im Markt für Kundenmanagement Software werden. Das Geschäftsmodell wird mithilfe einer Strategieberatung in wenigen Wochen erstellt. Ein Businessplan wird dazu geliefert. Der Konzernvorstand ist überzeugt.
>
> Die Juristen bekommen grünes Licht. Wenige Monate nach dem Aufkeimen der Idee ist die neue Gesellschaft gegründet. Die Leitung des Unternehmens wird vorerst kommissarisch von den Geschäftsführern der ursprünglichen Einheiten übernommen. 100 Mitarbeiter – je ca. 50 aus beiden Bereichen – beziehen neue Räumlichkeiten. Das Desaster beginnt.
>
> Denn es treffen zwei Welten aufeinander: Die „alte Welt“ der beamtenmäßigen Konzern-IT-Abteilung

mit einer durchschnittlichen Betriebszugehörigkeit von über 15 Jahren und die „neue Welt" in Form junger Kreativer, deren Handeln von Dynamik, Zeitgeist und Experimentierfreude geprägt ist.

Man versteht sich nicht. Und konzentriert sich deshalb auf das gegenseitige Bekämpfen. Nicht erreichte Planzahlen und ansteigende Kundenbeschwerden bieten hierfür ausreichend Treibstoff. Der Grund: Das Thema „Zusammenführung" zweier Kulturen kam im Businessplan nicht vor. Die Sichtweise der Geschäftsführer war einfach: Was man nicht in Zahlen beschreiben kann, kann man nicht managen. Und was sich nicht managen lässt, ist nicht relevant. Ein neuer Geschäftsführer von außen wird eingestellt. Auf ihm ruhen alle Hoffnungen. Nach zwei Monaten trennt man sich wieder. Es folgen drei weitere Geschäftsführer. Nach fünf Jahren vergeblichen Bemühens wird die Gesellschaft wieder aufgelöst und in die alten Konzernstrukturen reintegriert. Das vernichtete Kapital bewegt sich im zweistelligen Millionenbereich. Zurück bleiben frustrierte Mitarbeiter, die, aus welchen Gründen auch immer, nicht wechseln wollten oder konnten. Denn die Besten sind längst

> bei anderen Unternehmen außerhalb des Konzerns untergekommen."[21]

Das Thema Integration kann nicht weit genug herausgestellt werden. Die weichen Faktoren bei Übernahmen und Fusionen spielen eine größere Rolle, als mancher denken mag. Wenn sich zwei Vorstandsvorsitzende nicht mögen, kann das schon der Anfang vom Ende sein. Wenn man wochenlang Übernahmegerüchte schwelen lässt, dann werden die ersten Mitarbeiter sich nach neuen Jobs umschauen. Die Berater von Saaman sehen das auch so: "Diese emotionale Berg- und Talfahrt zu erkennen und damit umzugehen, sollte Fusionsmanager und Integrationsexperten genauso beschäftigen, wie die Berechnung von Synergieeffekten und Feinheiten der Vertragsgestaltung. Dabei sollte die benötigte Kompetenz auf mehrere Köpfe verteilt werden. Denn eine Unternehmenszusammenführung ist ein hochkomplexer Prozess, bei dem viel auf dem Spiel steht. Bereits kleine Fehler führen zu hohen Kosten."

[21] Saaman AG: Woran Fusionen wirklich scheitern, S. 3. URL: https://www.saaman.de/fileadmin/user_upload/Publikationen/Eigene_Veroeffentlichungen/Woran_Fusionen_wirklich_scheitern/leistungskultur_fact_sheet_fusionen.pdf [Stand: 18-02-2020]

Kulturintegration – so geht's

Beraterin **Silke Grosse-Hornke** hat für die Integration der Unternehmenskultur **10 Regeln** zusammengestellt, die Du beherzigen solltest:[22]

1. Überlegungen über die Art und Möglichkeiten einer neuen Unternehmenskultur sollten immer frühzeitig entschieden werden. Es kann dabei beispielsweise die Kultur eines beteiligten übernommen oder eine ganz neue erschaffen werden. Doch es ist je nach den Gegebenheiten auch möglich, die Kulturen nebeneinander bestehen zu lassen. So oder so sollte diese Entscheidung frühzeitig getroffen werden.

2. In Bezug auf die Planung einer neuen Kultur ist es wichtig, die aktuellen Gemeinsamkeiten herauszufinden und mögliche Risiken frühzeitig zu erkennen. Dadurch lassen sich im Anschluss Konflikte minimieren.

3. Bei der Kommunikation sollten immer Gemeinsamkeiten und nicht die Unterschiede herausgearbeitet werden. Der Fokus liegt daher nicht

[22] Grosse-Hornke, S.; Gurk, S. (2009): Die Unternehmenskultur – Erfolgsfaktor bei Fusionen. In: Arbeit und Arbeitsrecht - Personal-Profi, 6/09, S. 357

auf den Unterschieden, die in den Unternehmen zu finden sind.

4. Im Idealfall werden die einzelnen Parteien durch komplexe Aufgaben oder Projekte, die alleine gar nicht umsetzbar sind, zur Zusammenarbeit bewegt. Dadurch entsteht schneller ein Team und das Gemeinschaftsgefühl wird ebenfalls gestärkt.

5. Für die erfolgreiche Umsetzung der neuen Kultur sollte es sowohl Anreize als auch Sanktionen geben. Es ist wichtig, Ziele zu vereinbaren, damit ein Anreiz besteht, diese auch zu erreichen.

6. Für die erfolgreiche Integration einer neuen Unternehmenskultur müssen ausreichend Ressourcen vorhanden sein.

7. Im Idealfall unterstützen Sponsoren und Promotoren die Umsetzung der neuen Kultur auf allen Ebenen und natürlich auch in allen Regionen, falls es mehrere Standorte des Unternehmens gibt.

8. Damit die Mitarbeiter ihr Verhalten wirklich verändern wollen, muss die Geschäftsführung die gewünschten Veränderungen vorleben. Da-

her ist es immer sehr wichtig, die Geschäftsleitung mit in alle Maßnahmen einzubinden, damit es entsprechend vorgelebt wird.

9. Es ist wichtig, dass die Effekte und der Erfolg der Umsetzung einer neuen Unternehmenskultur messbar sind. Dafür sollten passende Kennzahlen erdacht und beachtet werden.

10. Die Entwicklung einer neuen, gemeinsamen Unternehmenskultur benötigt Zeit. Im Allgemeinen wird angenommen, dass es 2 bis 5 Jahre dauern kann, bis sich diese Kultur etabliert hat.

7.2 Changemanagement

Es bietet sich an, dass Du für die Integrationsphase ein klassisches Changemanagement-Projekt ins Leben rufst. In diesem werden die Veränderungen, die es im Personal, in den Prozessen, Marketing, Strukturen etc. gibt, aufgelistet, besprochen und schließlich umgesetzt. Dabei sollte man sich die Art der Fusion oder Übernahme genau anschauen. Tobias Umbeck und Adrien Bron von Bain und Company raten, das Changemanagement in die Aktivitäten voll zu integrieren.

> Das Management von Veränderungen während einer Integration muss auf die jeweilige Situation zugeschnitten sein. Das hört sich vielleicht einfach an, aber zu viele Führungskräfte machen den Fehler, alle Fusionen und alle Mitarbeiter gleich zu behandeln. Der Ansatz sollte sich beispielsweise nach den Synergiequellen, der verfügbaren Zeit, den Kulturen, dem geografischen Fußabdruck oder dem Ausmaß der Auswirkungen der Integration auf verschiedene Arbeitnehmergruppen unterscheiden.
>
> Die Erfahrung aus Integrationen liefert recht gute Richtlinien für das Änderungsmanagement, die Unternehmen in nahezu allen Situationen anwenden können. Diese Regeln sind besonders kritisch bei

> Transformationsintegrationen, die beide Unternehmen erheblich betreffen.
>
> Widerstehe zunächst dem Drang, das Changemanagement zu einem separaten Arbeitsbereich oder einer eigenständigen Aktivität zu machen. Es ist nicht nur eine Sammlung von Werkzeugen und Techniken oder eine von der Personalabteilung geleitete Aktivität. Wenn die Führungsetage nicht voll und ganz hinter dem Changemanagement steht und es auch selbst umsetzt, kann es schnell zu leeren Konzepten oder nutzlosen Slogans werden. Die Realität ist, dass Veränderungen Teil der Exekutiv-Agenda sein müssen.[23]

Das Changemanagement muss eng mit den anderen Aktivitäten der Akquisition verbunden sein. Je früher diese Einbindung stattfindet, umso schneller kann die Integration erfolgen. Am besten fängst Du während der Due Diligence Prüfung schon an. Den Beginn macht die Führung, dann werden die einzelnen Bereiche beschrieben, in denen es zu gravierenden Veränderungen kommen wird. Du wirst dann entscheiden, in welchen Berei-

[23] Umbeck, T.; Bron, A. (2017): Change Management in Merger Integration. URL: https://www.bain.com/insights/change-management-in-merger-integration/ [Stand: 25-01-2020]

chen zuerst Veränderungen erfolgen müssen und ein Pilot-Team zusammenstellen. Gleichzeitig brauchst Du auch ein Projekt-Team. In diesem sollten sein:

- Vertreter des Käufers
- Vertreter des Verkäufers
- Vertreter der einzelnen Abteilungen
- Externe Berater und Projektleiter

Es wird wie bei allen Veränderungen immer wieder zu Spannungen kommen. Ein externer Projektleiter kann eine neutrale Position einnehmen und Konflikte oft einfacher lösen. Es wird einige Herausforderungen geben, denen man in fast allen Change-Projekten gegenübersteht:

Gut gemeint ist nicht immer gut gemacht

Stelle sicher, dass die Veränderungen auch in der Realität umgesetzt werden können und durchdenke die Konsequenzen. Die Gelegenheit einer Fusion als Anlass zu nehmen, jetzt alles auf eine neue Finanzsoftware umzustellen, ist gut gemeint, wird aber zu diesem Zeitpunkt ein zu ambitioniertes Projekt sein können.

Top-Management

Problematisch ist die Tendenz von Managern und Unternehmensführern dazu, von anderen Änderungsbereitschaft einzufordern, zu denen sie selbst gar nicht wirklich bereit sind. Ein gutes Beispiel war die Einführung von E-Mails, die von vielen Top-Managern zunächst ignoriert wurde. Sie bestanden darauf, dass E-Mails ausgedruckt wurden und sie mit einem Stift ihre Kommentare schreiben. Der Chefredakteur einer Tageszeitung zum Beispiel weigerte sich, selbst E-Mails zu schreiben. Für Korrespondenz, so seine Meinung, habe er doch eine Sekretärin. Alle Veränderungen, die Du von Deinen Mitarbeitern erwartest, wirst Du auch selbst bereit sein müssen mitzumachen.

Mitarbeiter

Als Faustformel gilt: Je größer ein Unternehmen ist, umso mehr Widerstand kann erwartet werden. Denn Veränderung heißt, dass bestehende Arbeitsstrukturen bei Mitarbeitern aufgebrochen werden, was bei vielen ein Gefühl der Unsicherheit mit sich bringt. Auch für karrierefreudige Mitarbeiter im Unternehmen bedeutet dies nicht zwangsläufig etwas Positives, da diese urplötzlich einem neuen Team zugewiesen werden könnten, in dem sie sich erst mal wieder beweisen müssten. Weiterhin besteht die Gefahr, dass die Mitarbeiter durch die Fusion ihre bisherigen Aufgaben und Verantwortlichkeiten verlieren könnten.

Abteilungen

Die Abteilung ist in vielen Firmen eine kleine Festung, die versucht, Feinde abzuwehren. Schon ohne Change kommt es immer wieder zu Kontroversen, weil Abteilungsleiter ihre Verantwortungsbereiche nicht teilen wollen oder weil sie Angst haben, Macht und Einfluss – und vielleicht sogar Gehalt – zu verlieren. Diese Festungen brechen bei Übernahmen und Fusionen zusammen, und Du wirst die Gruppendynamik gut im Auge haben müssen.

Äußere Bedingungen

Veränderungsprozesse können auch von Störfeuern von außen beeinträchtigt werden. Ein Beispiel kann sein, dass durch die Fusion einige Zulieferer Bedenken haben und neue Zahlungsziele vereinbaren wollen. Es kann schlicht ein Ereignis wie eine Naturkatastrophe sein, die eine plötzliche Störung bringt, wie ein Hochwasser, dass Deine Fabrik unter Wasser setzt. Im Changemanagement wirst Du Dich auch darauf vorbereiten müssen, dass eine Integration den gleichen Störfaktoren ausgesetzt ist wie das Tagesgeschäft.

Als kleine Hilfe können Dir **zwei Modelle** dienen, die **im Changemanagement** eingesetzt werden:

Das 3-Phasen-Modell nach Kurt Lewin

Der Sozialwissenschaftler Kurt Lewin, welcher als Begründer der Sozialpsychologie gilt, forschte als einer der ersten im Feld der Gruppendynamik und der Organisationspsychologie. Im Jahre 1947 ging er erstmals auf die **drei Phasen von Veränderungsprozessen** ein:

1. Phase - Auflockern
In dieser Phase geht es primär darum, dass die Firma und die Mitarbeiter darin selbst realisieren, dass ein Veränderungsbedarf notwendig ist. Darüber hinaus ist es erfoderlicher den Status Quo näher zu beleuchten und zu analysieren, welche Bereiche einer Veränderung unterzogen werden sollten. Die erste Phase kann als Aufwärmen und Vorbereitung auf die tatsächliche Veränderungsphase verstanden werden. Mitarbeiterbefragungen und die Strategieformulierung und -kommunikation sind in dieser Phase gängige Instrumente.

2. Phase - Verändern
Nachdem nun alle vorbereitenden Maßnahmen vollzogen und alle Betroffenen in Kenntnis gesetzt worden sind, kann zunächst von der Unterstützung der Mitarbeiter ausgegangen werden – sofern diese ausreichend klar kommuniziert worden sind

– und die eigentliche Veränderung beginnt nun. Essentiell ist in der zweiten Phase, dass die Transformationsprozesse sorgsam beobachtet und von den verantwortlichen Personen bzw. –gruppen getrackt werden.

3. Phase - Festigen

Die dritte Phase beschäftigt sich mit der „Absicherung“ der Veränderungen. In dieser Phase dreht es sich darum, dass die neu implementierten Maßnahmen im Alltag Anwendung finden, so dass das Neue in den betrieblichen Alltag zur Normalität wird. Hin und wieder kann dieser Prozess mehr Zeit in Anspruch nehmen, als man für diesen vorher eingeplant hatte.

McKinseys 7-S-Modell

Die beiden Berater Tom Peters und Robert Waterman identifizierten während ihrer Tätigkeit bei der Unternehmensberatung McKinsey, dass es immer wiederkehrende Prozesse in Unternehmen gibt, die den Erfolg einer Organisation begründen. Daraus leiteten sie das 7-S-Modell ab, welches oftmals im Changemanagement Anwendung findet. Es wird eine Unterscheidung zwischen **weichen und harten Faktoren** getroffen.

harte Faktoren	weiche Faktoren
Strategien	geteilte Ansichen (shared Values)
Strukturen	Fähigkeiten (Skills)
Systeme	Stil
	Mitarbeiter (Staff)

Harte Faktoren sind üblicherweise gut greifbar, da diese sich gut darstellen lassen (z. B. in Form von niedergeschriebenen Strategien und Prozessdiagrammen). Weiche Faktoren hingegen lassen sich nur schwer abbilden. Letzten Endes müssen sich bei der Zusammenführung von Organisationen und auch im Rahmen des Changemanagement beide Faktoren wiederfinden.

Typologie der Veränderungen nach Dunphy and Stace's

Einen weiterführenden Ansatz gingen die beiden Wissenschaftler Dexter C. Dunphy und Douglas A. Stace nach: Ihre Annahme war, dass keiner Organisation der anderen gleicht und demzufolge es auch diverse Maßnahmen existieren, wie ein Wandel zu vollziehen ist. Sie legen außerdem nahe, dass Unternehmen ihre Strategien bezüglich Change an die Umweltbedingungen anpassen, um zu einen optimalen Zustand zu gelangen, welchen sie „Optimum Fit" nennen. Zunächst einmal ist zu betrachten, was die verschiedenen Führungsstile ausmacht:

Direkter Stil – Führung nach den top-down Ansatz
Die Mitarbeiter in diesen Firmen bekommen klare Anweisungen von oben, was sie machen müssen. Folglich ist der Handlungsspielraum für Mitarbeiter sehr klein, um an der Zukunft des Unternehmens mitzuwirken. Die von der Geschäftsführung gelebte Autorität ist das Mittel, um Entscheidungen im Unternehmen durchzusetzen.

Druck- und Zwang-Stil
Dieser Stil unterscheidet sich vom direkten Stil insofern, dass hier gar keine theoretische Handhabe der Mitarbeiter besteht, sich der geforderten Um-

setzung zu entziehen. Die Mitarbeiter werden zugleich auch nicht in den Prozess involviert. Der zwanghafte Druck kann hierbei von der Führungsspitze oder von externen Beratern, die für ein bestimmtes Projekt engagiert wurden, kommen.

Kollaborativer Stil
Der kollaborative Führungsstil sieht vor, dass möglichst viele Mitarbeiter miteinbezogen werden. Dies gilt insbesondere für relevante Entscheidungen, welche über die zukünftige Ausrichtung der Organisation bestimmen.

Konsultativer Stil
Die Mitarbeiter fungieren als Berater und Feedback-Geber für die Unternehmensführung. Hier beraten sich die Unternehmensführer mit Mitarbeitern, allerdings nicht in einem Entscheidungsfindungsprozess, sondern lediglich als Feedback-Geber. Die Führung trifft weiterhin die wichtigen Entscheidungen und berücksichtigt das Feedback der Mitarbeiter bei der Entscheidungsfindung.

Auf der Basis der verschiedenen Stile setzten die beiden Forscher **unterschiedliche Handlungsempfehlungen** auf, wie Veränderungen vorangetrieben werden sollte:

Schrittweise Veränderungen sind dann geeignet, falls eine Organisation größtenteils bereits Modernisierungsmaßnahmen durchgeführt hat und sich im Optimum Fit Bereich befindet, so dass nur marginale Änderungen vonnöten sind. Hierbei stehen nicht schnelle und großflächige Maßnahmen im Vordergrund.

Transformationale Veränderungen könnten erforderlich sein, wenn sich eine Organisation außerhalb seines Optimum Fit Bereiches befindet. Transformationsveränderung eignen sich meist bei tiefgreifenden Veränderungen innerhalb einer Organisation.

Kollaborative Veränderungen finden idealerweise dann statt, wenn es vordergründig um Mitarbeiter und weniger um Prozesse geht. Es empfiehlt sich die Mitarbeiter sowie die verschiedenen Stakeholder zum frühestmöglichen Zeitpunkt miteinzubeziehen.

Der direkte Stil empfiehlt sich bei Veränderungen, bei denen von einem größeren Widerstand auszugehen ist. Großflächige Veränderungsprojekte sollten vermieden werden, da die Arbeitsmoral schwerwiegend davon beeinträchtig werden könnte.

8. Feindliche Übernahmen

Wenn eine ausgehandelte Übernahme eines anderen Unternehmens nicht möglich ist, kann ein feindliches Angebot erforderlich sein. In einem feindlichen Angebot wird das Management des Zielunternehmens umgangen und die Aktionäre werden direkt angesprochen. Der Erwerber argumentiert meistens damit, dass das Management das Potenzial des Unternehmens nicht ausreichend maximiert und die Interessen der Aktionäre nicht schützt. Oftmals werden Firmen auch mit solchen Übernahmen überrascht.

Bei einem Übernahmeangebot geht der Käufer direkt zu den Aktionären des Zielunternehmens, um ihre Aktien in der Regel gegen Barzahlung anzubieten (zu verkaufen). In den meisten Fällen handelt es sich bei dem Angebot eher um Aktien als um Geld. Wenn der Käufer genügend Aktien erhält, kann er die Kontrolle über das Zielunternehmen erlangen und zum Beispiel eine Fusion oder Übernahme erzwingen. Bargeld anstelle von Wertpapieren wird normalerweise verwendet, wenn für ein Aktienangebot eine Veröffentlichung der Kaufabsichten erforderlich ist, wodurch die Vorteile der Überraschung verloren gehen. In den USA muss man zum Beispiel seine Absichten erklären, wenn man mehr als 5 % der Aktien des Unternehmens auf einmal kauft. Aktionäre werden meistens dadurch zum Verkauf gebracht, wenn der Angebotspreis den aktuellen Marktpreis deutlich übersteigt. In der Regel gibt es ein Ablaufdatum für das Angebot, auch um den Druck zu erhöhen.

Feindliche Übernahmen sind in der Regel recht kostspielig, da sie in der Regel einen erheblichen Preisanreiz und Maßnahmen gegen Übernahmen beinhalten. Als Käufer muss man sich auf Widerstand im Unternehmen, bei den Mitarbeitern und bei den Zulieferern einrichten.

Die **typischen Merkmale eines feindlichen Übernahmekandidaten** können sein:

1. Eine multidivisionale Organisation mit vielfältigen Geschäftsaktivitäten.
2. Die Vermögenswerte der Unternehmensbereiche spiegeln sich nicht im Marktpreis des Unternehmens wider.
3. Die finanzielle Performance der einzelnen Geschäftsbereiche könnte besser sein.
4. Das bestehende Management ist nicht in der Lage, den wahren Wert des Unternehmens zu erkennen.

Der übliche erste Schritt bei der Abgabe eines feindlichen Angebots ist der Kauf von Aktien des Zielunternehmens auf dem freien Markt.[24]

Abwehrmaßnahmen

Du kannst sowohl feindliche als auch freundliche Übernahmeversuche auch abwehren. Wenn Deine Firma zwar schwächelt, Du (und Deine Banken) aber denken, dass sich die Lage verbessern wird, dann gibt es ein paar Maßnahmen, Übernahmen zu verhindern oder unattraktiv zu machen.

1. Goldener Fallschirm

Dem Management werden besondere und vor allem sehr großzügige Vergütungen geboten, wenn eine Firma verkauft wird. Das mag zwar attraktiv für die Manager sein, treibt bei großen Firmen den Preis aber sehr in die Höhe und kann schwierig werden, wenn Teile der Vergütungen Aktienanteile sind.

2. Selbstzerstörung durch die Giftpille

Wenn ein feindliches Angebot eingeht, vor allem wenn es über Aktienkäufe geschieht, nimmt das Zielunternehmen noch einmal richtig hohe Schulden auf. Eine andere Möglichkeit ist die Ausgabe von Vorzugsaktien.

[24] Delta Publishing Company (2009): A Practical Guide to Mergers, Acquisitions and Divestitures, S. 35

Beides macht das Unternehmen aufgrund der hohen Zusatzkosten für den feindlichen Erwerber unattraktiv. Die sogenannte Giftpille kann sogar in die Geschäftsordnung eines Unternehmens festgeschrieben werden. In diesem Fall kann man mit einem kleinen Hinweis auf die Regeln den Anbieter bereits mit dem Hinweis abweisen, dass man bereit ist, diese Pille auch zu schlucken. Eine andere Form dieser Maßnahme ist, dass man Aktionären des übernehmenden Unternehmens garantiert, dass sie die Aktienanteile aus der Übernahme erhalten. Das Bieterunternehmen verliert Geld für seine Aktien, weil dieses Recht den Wert seiner Aktien verwässert.

Ein **Beispiel** war die **Firma Union Carbide**, die vor allem durch das Unglück in Bophal bekannt wurde. Die Katastrophe im Chemiewerk kostete vielen Menschen das Leben, und die Firma musste hohe Rücklagen für Prozesse bilden. Das machte sie durchaus zu einem Übernahmekandidaten und die Firma GAF versuchte das auch im Jahr 1986. Union Carbide wehrte sich aber mit der Ausgabe von Aktien, was die Übernahme für die Aktionäre des Angreifers uninteressant machte. Zwar ließ GAF ab, profitierte aber vom kurzzeitigen Anstieg der Union Carbide Aktien und dem Verkauf der gerade erst erworbenen Anteile. Die angegriffene Firma hingegen musste lange Zeit ihre Wunden lecken. Das Unternehmen, dass sich vor allem in der Batterieherstellung einen Namen gemacht hatte, wurde 1999 schließlich von Dow Chemicals übernommen.

3. Eigenes Angebot

Wenn ein feindliches Unternehmen ein Angebot an die Aktionäre macht, dann kann das betroffene Unternehmen ein entsprechend höheres Gegenangebot machen. Das funktioniert meistens nur, wenn es genügend finanzielle Ressourcen hat – etwas, was bei Übernahmekandidaten meistens nicht der Fall ist.

4. Aktienrückkauf

Das betroffene Unternehmen bietet dem Angreifer an, die bereits erworbenen Aktien für einen höheren Preis zurückzukaufen. Damit wird der Angreifer vor die Wahl gestellt, schnell einen recht netten Profit zu machen oder sich auf ein langwieriges Übernahmeverfahren einzustellen, das auf jeden Fall einiges an Geld kosten wird. Zunehmend wurde diese als Greenmail bekannte Praxis auch verwendet, um schnelles Geld zu machen. So hatte 1986 der amerikanische Milliardär Saul P. Steinberg Disney mit einer Übernahme gedroht. Der Unterhaltungskonzern, durchaus solide aufgestellt, kaufte die Steinberg-Aktien zu einem höheren Preis zurück und Steinberg machte ein Riesengeschäft.[25] Wenn

[25] Potts, M. (1984): 'Greenmail' Takeover Tactic Under Scrutiny. URL: https://www.washingtonpost.com/archive/business/1984/06/17/greenmail-takeover-tactic-under-scrutiny/bf9cdef6-580f-4c46-8770-9fb5daca4ea6/ [Stand: 13-01-2020]

es ein Übernahmeangebot gibt, bei dem man diese Absicht erkennen kann, sollte man es eventuell auf einen Showdown ankommen lassen. Denn wenn der Angreifer nur die Mittel für ein Übernahmeangebot, nicht aber die komplette Übernahme hat, kann man ihn recht schnell abwehren.

5. Der Weiße Ritter

Im Geschäftsleben ist der Weiße Ritter jemand, der einem Unternehmen zur Hilfe kommt, entweder aus Eigenantrieb oder weil er gerufen wurde. Das angegriffene Unternehmen versucht damit einen Dritten ins Spiel zu bringen, der entweder den Angebotspreis in die Höhe treibt oder tatsächlich ernsthaft das Unternehmen übernehmen will, allerdings zu besseren Bedingungen.

Die Bezeichnung des Weißen Ritters erlangte der Pharmakonzern Bayer durch die Übernahme des Berliner Unternehmens Schering im März 2006, welche mit ihrem Angebot die Firma Merck überboten hatte. Der „Titel" des Weißen Ritters wurde Bayer zuteil, da die Offerte die Führungsebene von Schering aus finanzieller Sicht zusagte und zugleich Mitarbeiter- und Standortvorteile mit sich brachte. Denn eine Übernahme durch Merck hätte eine potentielle örtliche Verlagerung des Unternehmens von Berlin nach Darmstadt bedeuten können.

Auch bei VW hatte es einen Weißen Ritter in der Form von Porsche gegeben, der gegen die Angebote von Hedge-Funds zur Hilfe eilte.

6. Ausgliederung von Vermögenswerten

Die verteidigende Partei identifiziert die Vermögenswerte, die für den Angreifer am wünschenswertesten sind. Anschließend wird das Vermögen an eine seiner separaten Gesellschaften ausgegliedert oder an einen Dritten verkauft. Beispiele sind Union Carbide und Marathon Oil.

9. Zusammenfassung

Eine Firmenübernahme ist keine leichte Sache, sowohl für den Käufer als auch für den Verkäufer. Auch Fusionen gehen nicht so leicht von der Hand, wie sich manche Manager das vorstellen. Deshalb solltest Du Dich innerlich auf einen langen und holprigen Weg vorbereiten. Nur selten – und meist bei kleineren Firmen – kommt es vor, dass man sich nach wenigen Gesprächen einig ist, die Bücher geprüft sind und ein Preis gefunden ist. Je komplexer die beteiligten Unternehmen sind, umso umfangreicher sind auch die Analysen. In den meisten Fällen wird die Idee einer Übernahme oder Fusion aus strategischen Gründen geboren und Du wirst entsprechend begeistert sein. Die Chancen, mit dem Aufkauf Dein Unternehmen noch stärker zu machen sind groß, Du hast das Geld und das Zielunternehmen ist zum Kauf bereit. Das heißt aber nicht, dass Du Dich zurücklehnen kannst. Denn die Tücke liegt bei Übernahmen immer im Detail. Denn es könnte sein, dass Käufer, Verkäufer, Aktionäre oder Gesellschafter aufgrund neuer Bedingungen rebellieren. Du wirst Dich darauf gefasst machen müssen, an mehreren Fronten gleichzeitig kämpfen zu müssen.

Bei Familienunternehmen kommt es immer wieder vor, dass wichtige Kennzahlen nicht vorliegen, weil man diese niemals berechnet hat. Es kommt vor, dass Tochtergesellschaften eigentlich Verluste machen, diese aber nicht auffallen, weil man die Arbeitsleistung der Mitarbeiter nicht in Zahlen ausdrückt. Gerade bei Firmen, deren Mitarbeiter schon viele Jahre dabei sein, ist es schwer, von diesen mehr Leistung zu verlangen. Wenn dann eine solche Firma verkauft werden soll, sind die Augen groß, wenn die Wirtschaftsprüfer die Zahlen unter die Lupe nehmen.

Verkauf nach China

Abschließend noch ein Wort zu chinesischen Unternehmen, die massiv in Deutschland investiere und viele kleine und mittlere Unternehmen aufkaufen. China braucht Know-how und deutsche Firmen haben das. Eine Studie der Bertelsmann-Stiftung brachte schon 2018 interessante Erkenntnisse an das Tageslicht: In der Studie untersuchten "die Autoren der Bertelsmann-Studie [...] insgesamt 175 chinesische Firmenbeteiligungen in Deutschland von 2014 bis 2017 ab einem Anteil von zehn Prozent. 124 beziehungsweise 71 Prozent dieser Firmen befänden sich mehrheitlich, also mit einer Beteiligung von 50 oder mehr Prozent, in chinesischer Hand [...]. Auffällig sei, dass fast zwei Drittel der Beteiligungen genau in den zehn Schlüsselbranchen getätigt worden sind, in denen China bis zum Jahr 2025 eine international führende Position erreichen wolle."

Die meisten Einkäufe werden in Baden-Württemberg (23 Prozent), Nordrhein-Westfalen (20 Prozent) und Bayern (16 Prozent) getätigt – dort wo Deutschlands beste Ingenieure arbeiten.[26]

Was also tun, wenn der Ferne Osten an die Türe klopft? Zunächst einmal durchatmen. Bei börsennotierten Firmen gibt es zum einen die oben genannten Abwehrmaßnahmen, aber auch die öffentliche Meinung. Außerdem muss ein Investment keine schlechte Sache sein. Zwar gibt man Technologie nach China, bekommt dafür aber auch oft Zugang zu einem gigantischen Markt und vor allem frisches Kapital. Letztlich ist die Frage, was genau die Investoren von Deiner Firma wollen: Geht es um eine komplette Übernahme oder nur Anteile? Soll die Firma bestehen bleiben oder wird, wie schon geschehen, alles abgebaut und nach China verschifft?

Die deutsche Bundesregierung sieht die Einkaufstour der chinesischen Investoren mittlerweile auch etwas kritischer, zumal deutschen Firmen nach wie vor der Zugang zum Markt in China verwehrt oder erschwert wird. Außerdem weiß man, dass viele chinesische Firmen staatlich sind, oder enge Bindungen zu staatlichen Fir-

[26] ZEIT ONLINE (2018): China in Deutschland gezielt auf „Einkaufstour". URL: https://www.zeit.de/wirtschaft/2018-05/china-investoren-bertelsmann-studie-wettbewerb-handel [Stand:24-01-2020]

men und Organisationen haben. Bei Fragen der nationalen Sicherheit kann es schon mal vorkommen, dass die Bundesregierung einen Verkauf untersagt.

Rechtliches und Impressum

Die Inhalte dieses Buches wurden anhand von anerkannten Quellen recherchiert und mit hoher Sorgfalt geprüft. Der Autor übernimmt dennoch keinerlei Gewähr für die Aktualität, Richtigkeit und Vollständigkeit der bereitgestellten Informationen.

Haftungsansprüche gegen den Autor, welche sich auf Schäden gesundheitlicher, materieller oder ideeller Art beziehen, die durch Nutzung oder Nichtnutzung der dargebotenen Informationen bzw. durch die Nutzung fehlerhafter und unvollständiger Informationen verursacht wurden, sind grundsätzlich ausgeschlossen, sofern seitens des Autors kein nachweislich vorsätzliches oder grob fahrlässiges Verschulden vorliegt. Dieses Buch ist kein Ersatz für medizinische oder professionelle Beratung und Betreuung.

Dieses Buch verweist auf Inhalte Dritter. Der Autor erklärt hiermit ausdrücklich, dass zum Zeitpunkt der Linksetzung keine illegalen Inhalte auf den zu verlinkenden Seiten erkennbar waren. Auf die verlinkten Inhalte hat der Autor keinen Einfluss. Deshalb distanziert der Autor sich hiermit ausdrücklich von allen Inhalten aller verlinkten Seiten, die nach der Linksetzung verändert wurden. Für illegale, fehlerhafte oder unvollständige Inhalte und insbesondere für Schäden, die aus der Nutzung oder Nichtnutzung solcherart dargebotener Informationen entstehen, haftet allein der Anbieter der Seite, auf welche verwiesen wurde, nicht aber der Autor dieses Buches.

1. Auflage

ISBN: 978-3-98935-509-5

Lucid Page Media (ein Imprint der Orbita Media GmbH)
Ericusspitze 4
20457 Hamburg
Deutschland
kontakt@lucidpagemedia.de

Coverfoto: Lightspring/shutterstock.com
Formatierung: Valerio Konz

Quellenverzeichnis

Brooker, K. (2019): The fall of WeWork's Adam Neumann. URL: https://www.fastcompany.com/90410492/the-fall-of-weworks-adam-neumann [Stand: 02-02-2020]

Büschemann, K.-H. (2013): Gescheiterte Fusion von Daimler und Chrysler. URL: https://www.sueddeutsche.de/wirtschaft/gescheiterte-fusion-von-daimler-und-chrysler-pleite-nach-lehrbuch-1.1666592-2 [Stand: 12-01-2020]

Clausen, S. (2016): Fünf Gründe für den Kauf-Rausch deutscher Konzerne. URL: https://www.manager-magazin.de/unternehmen/industrie/m-a-fuenf-gruende-fuer-den-kauf-rausch-deutscher-konzerne-a-1113437.html [Stand: 05-01-2020]

Confides AG: Information zur Due Diligence, S. 3. URL: https://www.slp.ch/wp-content/uploads/2014/05/Due-Diligence.pdf [Stand: 18-12-2019]

Das Mittelstandsmagazin der Nord/LB (2018): Übernahmen & Fusionen - Investitionsziel deutscher Mittelstand, 1/2018

Delta Publishing Company (2009): A Practical Guide to Mergers, Acquisitions and Divestitures

Ehrhardt, M. (2019): Prozess in den USA – Monsanto droht für Bayer zum Fiasko zu werden. URL: https://www.zdf.de/nachrichten/heute/bayer-monsanto-uebernahme-droht-zu-fiasko-zu-werden-100.html [Stand: 28-12-2019]

Felser, M. W. (2007): Anpassung der Betriebsrente nach einer Fusion. URL: http://www.felser.de/betriebsrente/anpassung-der-betriebsrente-nach-einer-fusion/ [Stand: 07-01-2020]

finanzen.at (2019): Bayer stellt Bedingungen für Glyphosat-Vergleich in USA.URL: https://www.finanzen.at/nachrichten/aktien/bayer-stellt-bedingungen-fuer-glyphosat-vergleich-in-usa-1028568877 [Stand: 12-02-2020]

Grosse-Hornke, S.; Gurk, S. (2009): Die Unternehmenskultur – Erfolgsfaktor bei Fusionen. In: Arbeit und Arbeitsrecht - Personal-Profi, 6/09, S. 354-357

Haufe: Umwandlungssteuergesetz / § 12 Auswirkungen auf den Gewinn der übernehmenden Körperschaft. URL: https://www.haufe.de/personal/haufe-personal-office-platin/umwandlungssteuergesetz-12-auswirkungen-auf-den-gewinn-der-uebernehmenden-koerperschaft_idesk_PI42323_HI1642932.html [Stand: 08-01-2020]

Johanning, L. (2001): Wie bewertet man Wachstumsunternehmen. URL: https://www.faz.net/aktuell/finanzen/start-up-wie-bewertet-man-wachstumsunternehmen-124004.html [Stand:12-01-2020]

Lange, K. (2015): Was bei einer Geschäftsübernahme zu beachten ist. URL: http://www.gruendercheck.com/thema/geschaeftsuebernahme [Stand: 14-12-2019]

Lippold, D. (2016): Die unterschätzte Rolle der Unternehmenskultur bei Unternehmenszusammenschlüssen. URL: https://lippold.bab-consulting.de/die-unterschaetzte-rolle-der-unternehmenskultur-bei-unternehmenszusammenschluessen [Stand: 15-01-2020]

Potts, M. (1984): 'Greenmail' Takeover Tactic Under Scrutiny. URL: https://www.washingtonpost.com/archive/business/1984/06/17/greenmail-takeover-tactic-under-scrutiny/bf9cdef6-580f-4c46-8770-9fb5daca4ea6/ [Stand: 13-01-2020]

Saaman AG: Woran Fusionen wirklich scheitern, S. 3. URL: https://www.saaman.de/fileadmin/user_upload/Publikationen/Eigene_Veroeffentlichungen/Woran_Fusionen_wirklich_scheitern/leistungskultur_fact_sheet_fusionen.pdf [Stand: 18-02-2020]

Seldeslachts, J. (2005): Warum Fusionen Scheitern – Von Informationen und Integrationsanstrengungen. WZB-Mitteilungen, Heft 108. S. 16-19

Terpitz, K. (2012): Edel-Tasche küsst Armbanduhr. URL: https://www.handelsblatt.com/unternehmen/management/erfolgreiche-fusionen-die-fusion-vernichtete-mehr-als-300-milliarden-dollar/6238516-2.html [Stand: 08-01-2020]

Umbeck, T.; Bron, A. (2017): Change Management in Merger Integration. URL: https://www.bain.com/insights/change-management-in-merger-integration/ [Stand: 25-01-2020]